박하식표 BTS 교육법

K-세계인으로 키워라

박하식표 BTS 교육법

K-세계인으로 키워라

박하식 지음

글로세움

41년간의 교육 경험으로
미래를 비추다

외유내강! 우리나라 교육을 국가 대표급 고품질과 고품격으로 이끌어온 저자는 위기의 학교를 구하는 교육계 미다스의 손이다. 이 책은 저자의 교육철학과 교육성과를 바탕으로 우리나라 교육의 미래를 향한 아름답고 열정 어린 비전과 실천 방안을 제시한다. 교육은 사람을 사람답게 기르고, 나라를 나라답게 가꾸는 우리의 희망이다. 41년간의 교육계 노하우는 '박하식표 BTS 교육법'을 통해 세계로 웅비시킬 것이다.

_홍후조(고려대 교수·제25대 한국교육과정학회장)

이 책은 지난 41년간의 교육경험을 통한 미래교육에 대한 다짐이자 새로운 비전 제시다. '대한민국, 이제는 교육의 품격을 높여야 한다'는 것과 'K-교육을 통해 K-세계인을 기르자!'는 것이다. 이것은 인생 100세 시대를 사는 현대인의 삶에 대한 선언, 바로 그것이 아닌가? 더욱이 이 책에는 실천 방안과 내용이 수반되어 있다. 무엇보다도 K-교육이 지향하는 K-세계인의 '인간상'이 구체적으로 제시되어 있어 이해하기 쉽다. 교육에 관심이 있는 사람이라면 누구라도 쉽게 이해할 수 있다.

_이명희(공주대학교 사범대학 교수)

저자는 IB 시스템을 국내 최초로 도입하고, 졸업생들이 IVY 리그 등 세계 유수 대학교에 직접 진학할 수 있는 시스템을 갖추었다. 또 외국 어떤 나라의 학교와 비교해도 절대로 뒤지지 않는 충남삼성고등학교를 성공적으로 운영한 값진 경험이 있다. 이런 귀한 경험과 경륜이 담긴 이 책이 대한민국의 교육 발전을 위해 쓰이고, 세계적으로 자랑할 만한 진정한 의미의 K-EDU를 이룰 수 있는 발판이 되길 바란다.

_김경성(서울교육대학교 제16대 총장)

대한민국은 4차 산업혁명을 맞아 기로에 서있다. 어떻게 해야 할까? 민족사관고, 용인외고, 충남삼성고 등 교육현장에서 탁월한 인재들을 키워낸 경험을 가진 저자는 K-POP을 만든 것처럼 K-EDU를 만들 것을 제안한다. 그의 말을 들어보자. 여기에 새로운 대한민국을 만들 비책이 있다. 정책당국자와 교육 관계자 뿐 아니라 대한민국의 모든 학부모의 필독서로 추천한다.

_강신장(〈고전5미닛〉 제작자·《오리진이 되라》 저자·모네상스 대표)

코앞만 보고 무조건 최선을 다하라는 무모한 교육 현실 속에서 40년 동안 글로벌 미래 인재를 키워온 저자의 인재 교육 해법을 담았다. 우리 사회가 아이들의 진정한 행복과 미래 경쟁력을 키우기 위해 가르쳐야 할 10가지의 핵심 키워드, 공교육의 방향을 제시한 위대한 학교, 학생들이 진정코 배움 받아야 할 10가지 특징 등을 통해 우리 교육이 바르게 나아갔으면 하는 바람이다.

_이승섭(카이스트 부총장)

인공지능을 기반으로 한 미래교육과 학교에 관한 화두가 넘쳐나고 있다. 하지만 우리의 공교육 체계에는 최적화된 강의와 학습자료를 제공할 인공지능시스템이 구축되어 있지 않다. 코로나로 인한 아이들의 학력격차 해소 등 과제가 산적한 현재, 어떻게 미래 인재의 역량을 키워야 하는가에 대한 답을 제시한, 우리 모두가 읽어야 할 필독서이다.

_이대영(전 서울특별시교육감권한대행·현 국립공주대학교 총동창회장)

15년 전, 저자는 《이젠 세계인으로 키워라》라는 책으로 교육계와 학부모들에게 신선한 충격을 주었다. 새롭게 선보이는 이 책은 41년간 교육계에서의 경험과 연륜을 바탕으로 글로벌 인재 양성의 비결을 담았다. 우리만의 기준과 가치관이 아니라, 한걸음 떨어져 세계 속의 대한민국을 객관화시켜 볼 수 있을 때 미래세대 교육에 대한 통찰도 얻을 수 있을 것이다. 이 책을 통해 우리의 교육 현실을 되돌아보고, 우리 아이들이 더 큰 세상으로 뻗어 나갈 수 있는 지혜를 얻기를 기대한다.

_김기현(국회의원)

이 책은 학교 교육의 대전환이 필요한 시점에 우리 교육 현실에 대한 날카로운 비판을 넘어 미래교육이 나아가야 할 길을 제시하고 있다. 또 우리 교육이 앞으로 어떤 준비를 해야 하고, 어떤 도전을 해야 할지에 대한 안내서이기도 하다. 저자는 교육정책을 만드는 사람들, 가르치는 교사들, 학부모에게 냉철한 직언을 하고 있다. 그렇기에 많은 사람들이 저자의 이야기에 귀를 기울이고 함께 마음을 나눌 수 있기를 바란다.

_이찬승(교육을바꾸는사람들 대표)

여기엔 어느 한 교육자의 41년 간의 진실된 삶과 자신감이 오롯이 담겨 있다. 여기서 그는 우리가 지향해야 할 미래, 교육, 학교, 학생을 말하지만, 사실은 저자가 이미 이루어낸 성과들을 우리 모두 함께 나누어 보자고 권하고 있다. 이 책은 화려한 구호와 선언이 아닌 실천과 가능성을

이 책을 추천합니다

다루고 있기에 그 주장에 믿음이 간다. 그래서 저자와 함께 K-세계인을 기르는 데 적극 동참하고 싶다.

_김도기(한국교원대 교수)

"지금 우리는 아이들의 미래를 위해 무엇을 준비해야 하는가." 대한민국 중등 교육의 혁신을 위해 끊임없이 새로운 방향성을 제시해 왔던 저자는 이 책에서 "K-세계인을 키우는 K-EDU를 열어라"라는 제안과 함께 그 해답을 담았다. 우리 자녀를 미래 사회의 핵심 인재로 교육하고자 하는 학부모라면 반드시 읽어야 할 책이다.

_김일형(인천 하늘고등학교 교장)

민사고 시절 해외 명문대학 입학의 첫 활로 개척, 경기외고 시절 국내 첫 IB교육과정 인증교 승인, 현 충남삼성고에서 자사고로서 첫 IB교육과정 인증교 승인! 저자는 근무하는 학교마다 개혁의 바람을 일으킨 열정과 혁신의 아이콘이다. 교육계에서 늘 가지 않은 길을 새롭게 개척하면서도 그 길의 가능성을 몸소 실천으로 보여주는 그가 이제는 K-세계인을 말하며 또 한번 교육의 도약을 꿈꾸고 있다.

_김지선(충북대학교 교육혁신본부 미래전략혁신센터장·교수)

세계를 향한 우리 젊은이들의 도약은 실로 눈부시다. 제대로 된 교육만 뒷받침된다면 이제 막 펼쳐지는 거대한 변화의 시대에 우리 젊은이들은 충분히 세계를 무대로 리더십을 발휘할 수 있다고 믿는다. 본인도 입시에 매몰되어 허우적거리는 교육 현장에서 좀처럼 해소되지 않는 목마름을 느껴왔다. 이 책에는 이런 갈증을 해소할 힌트가 담겨 있다. 어떤 교육이 필요한지 고민하는 교사, 학부모와 함께 해답을 찾고 싶다.

_강승원(현대고등학교 교장)

나에게 글로벌 교육이란 말을 알게 해주고, 생각하고 실천하게 해준 세계화 교육의 대명사인 저자는 41년간 교육현장에서 늘 학생들만 바라보며 걸어온 진정한 글로벌 교육의 선구자이다. K-문화가 세계적으로 주목받는 시대에 아직 우리 교육은 시대의 흐름을 따라가지 못하고 있는 현실에서 이 책은 우리나라 교육의 흐름을 바꿀 교과서가 될 것을 확신하며 우리 교육이 나아가야 할 나침판 역할을 할 것이다.

_전성은(경기외고 교장)

퍼즐을 맞출 때 비어 있던 한 조각을 찾은 느낌! 수많은 교육서가 쏟아지지만 항상 한 조각을 채우지 못하고 책을 덮었는데, 우리 교육을 향한 한 사람의 고뇌가 고스란히 담긴 책을 오랜만에 만났다. 독자로서 학부모로서 경직된 교육의 변화를 기대하며 부푼 마음으로 책을 덮었다.

_김순주(충남삼성고 학교운영위원회 위원장)

이 책을 추천합니다

이 책은 현재 우리 교육이 가야 할 길과 무엇을 해야 할 것인가에 대하여 미래를 위한 새로운 교육목표, 실현 방법, 그리고 글로벌 교육 리더십까지 저자의 40년이 넘는 경험과 지식을 바탕으로 해답을 제시했다. 학생과 학부모, 교육자, 정책입안자까지 교육에 진심인 사람들에게 가슴 뛰는 이야기를 담고 있어 우리가 준비하는 미래 교육에 있어 최고의 바이블이 될 것이다.

_신관수(한일 장신대 교수·㈜제너럴이노베이션즈 대표)

저자는 내가 강원도 외진 기숙사에서 시공의 무한함 속에 인간의 삶의 의미가 무엇인지 고민하던 시절, 차분하게 철학적 의미를 설명해 주고 고민의 흔적을 기록으로 남길 것을 권해주셨다. 내가 두 아이의 엄마가 된 지금도 그는 다정하고 차분하게, 그렇지만 명쾌하고 구체적인 교육 방법을 제시하고 있다. 우리 아이에게 어떤 교육을 하는 게 좋을지 막막하기만 한 '첫' 부모들이 이 책을 읽고 함께 그 길을 찾아가고 싶다.

_김소연(변호사·민사고 제자·두 아이의 엄마)

저자가 계셨던 모든 학교들은, 그의 책 제목처럼 '좋은 학교를 넘어 위대한 학교'가 되었다. 내가 영국 옥스포드 대학교 법학과를 졸업하고, 나아가 임페리얼 공대에서 컴퓨터공학 석사까지 취득할 수 있었던 도전 정신은 저자가 경기외고에 도입한 IB 프로그램과 꿈을 키울 수 있는 환경을 마련해주신 덕분이다. 이 책은 세계의 최신 교육 트렌드를 누구보다 빨리 이해하고 현명하게 비전을 제시해 주고 있어 학생들과 학부모들에게 큰 도움이 될 것이라 믿는다.

_사혜원(영국 프레쉬필즈 로펌 변호사·경기외고 제자·옥스퍼드 법대 졸업)

4차 산업혁명 사회로의 전환이 빨라짐에 따라 미래 사회에 필요한 교육이 더욱 절실한 시대다. 안타깝게도 우리나라의 교육은 아직도 과거에 머물러 있다. 이 책은 글로벌 미래 인재에 필요한 10가지 키워드를 제시함과 동시에 K-교육이 나아갈 방향을 알려주고 있다.

_김용수(셀라성형외과 대표 원장·현대고등학교 제자)

1983년 중학생으로서 처음 만나 뵈었던 저자는 단순히 공부보다 어떻게 살아야 하는지를 가르쳐주시고 열정이 넘쳤다. 내겐 평생 큰 가르침이 되었다. 이 책은 이후로도 근 40여 년을 그 열정 그대로 사시고, 그 가르침을 더 업그레이드하고 잘 정리한 것이다. 강추한다.

_백성현(건국대 비뇨기과 교수·영락중 제자)

저자는 오랜 시간 수많은 학생들을 지도하면서 각자의 분야에서 눈부시게 성장할 수 있도록 이끌어 왔을 뿐만 아니라 학교 교육의 개선과 발전에도 헌신해 왔다. 이 한 권의 책에 그 경험과 노하우가 아낌없이 담겨 있다. 저자가 들려주는 이야기들은 교육에 대해 진지하게 고민하고 있는 많은 이들에게 든든한 가이드가 될 것이다.

_김남희(법무법인 율촌 변호사·경기외고 제자)

그 어느 때보다 불확실하고 복잡한 시대다. 시대만 그런 것이 아니라, 우리 안의 가치와 판단도 불확실성과 모호함이 넘친다. 이러한 시대에 나는 저자의 10C 토대의 K-EDU 안에서 자랐다. 그리고 이제 막 사회인이 된 지금, 21세기의 새로운 교육 속에서 21세기의 인류가 마주한 문제를 해결할 역량을 키웠다고 스스로 판단한다. 4차 산업혁명 시대에 필적할 새로운 교육과 수업의 방향을 깊이 고민하는 분들이 읽어 보면 큰 도움이 될 것이라 믿는다.

_김은유(삼성전자 재직·충남삼성고 제자)

'교육도 이제 품격이다.' 어려서부터 인성의 중요함을 제1 덕목으로 가르쳤던 저자는 나의 중학교 1·2학년 때 담임선생님이기도 하다. 41년 교육 현장에서 얻은 미래 인재교육의 핵심을 그동안의 현장 경험을 토대로 담아냈다. 내 아이의 현재를 진단하며 글로벌 미래 인재로 성장시킬 길을 이 책을 통해 제시하고 있다.

_박정수(가수·영락중 제자)

미국에서 조기교육을 거치지 않고 한국 고등학교에서도 아이비리그에 도전할 수 있다. 저자는 그 가능성을 처음으로 알아보고 학생들에게 그 길을 개척하여 지도한 독보적인 선구자이다. 한국 학생들의 무한한 가능성을 어떻게 하면 더 잘 끌어낼 수 있을까 고민한 흔적을 엿볼 수 있으며 글로벌 지혜가 담긴 책이다.

_황지예(변호사·용인외대부고 제자·하버드대 졸업)

인류는 수천 년 전부터 변화를 거듭하고 있다. 급변하는 사회 환경 속에서 우리 교육도 변해야 하는 위기감이 더하고, 박하식표 BTS 교육법을 통해 한국 교육의 변화를 모색하고 있다. 특히 40여 년 현장 교육의 경험을 토대로 교육의 품격을 높이고자 하는 뜻이 아닌가. 4차 산업혁명 시대에 K-EDU가 대한민국 학생들이 K-세계화의 꿈을 이루어가는 밑거름이 될 것임을 확신한다.

_유재훈(미래넷, 에스케이엠에스 대표이사)

저자는 41년간 교단에서 우리나라 교육을 혁신하는 데 앞장섰다. 민사고, 외대부고, 경기외고, 충남삼성고 등 그가 가는 곳마다 혁신이 일어났다. 교육 현장의 오랜 실천 경험과 혁신 교육에 대한 선도적 연구에서 나오는 주옥같은 통찰을 통해 4차 산업혁명 시대 우리 교육이 어떻게 바뀌어야 하고, 우리 아이들이 어떤 역량을 갖추어야 하는지에 대한 명

이 책을 추천합니다

확한 답을 찾을 수 있을 것이다. 학부모, 학생, 교사, 교육정책 입안자, 정부 관료, 교육업 종사들에게 이 책의 필독을 권한다.

_양환주((주)올림피아드교육 대표이사)

미래사회 K-세계인으로 키우는 비책이 들어있는 이 책은 우리 아이들을 K-EDU인으로 만드는 중요한 성공지침서가 될 것이다. 아울러 K-세계인을 위한 핵심 키워드 10C와 K-세계인의 특징 12가지의 예시는 유아기 자녀를 둔 부모나 유아교육 현장의 교사가 자녀교육과 유아교육에 대한 고민이 있을 때마다 두고두고 읽어보고 싶은 훌륭한 가이드북이 될 것이다.

_안상미(삼성샛별유치원 원장)

글로벌 인재로 육성하고자 하는 스승을 만나는 것은 정말 중요하다. 내 아이가 하버드 대학교 합격이 목표가 아닌 세계인으로 클 수 있도록 꿈의 크기를 키워준 저자의 목소리가 이 책에 담겨있다. 자녀가 세계를 무대로 큰 꿈과 야망을 품고 있다면 기쁜 마음으로 이 책을 추천한다.

_이가희(한국스토리텔링연구원 원장·민족사관고 제자 박원희의 어머니)

이름 앞에 '국내 최초'라는 수식어가 함께할 만큼, 저자가 교육현장에서 개발하고 시도한 것들은 미래지향적이며 혁신 그 자체였다. '교사교

실제' 시도, 미국 AP 도입 및 아이비리그 직행 프로그램 개발, 선택교육
과정 도입, 국제공인 교육과정 IB 도입 및 시행, 학생 선택 진로별 교육
과정 개발, 체력과 인성교육 프로그램 MSMP 개발 등 그의 혁신적 시도
는 글로벌 미래인재 역량을 키우는 정확한 타륜이 되었다. 우리나라 교
육이 초인류, 초연결 사회의 파고를 넘어 K-세계인, K-에듀에 도달하는
항해의 길에 이 책은 통찰력 있는 선장의 조타실이 되어 줄 것이다.

　_박애경((주)투데이신문사 대표)

이 책은 41년의 교육 철학이 고스란히 담긴 미래교육을 위한 대한민
국 최고의 지침서이다. 기업은 교육의 최종 종착점 중 하나다. 그래서 기
업마다 인재상을 세우고, 가꾸고, 알리고 있다. 그런 점에서 이 책에 담
긴 여러 핵심 키워드와 교육적 맥락은 4차 산업혁명 시대에 기업이 요
구하는 미래 인재상을 충분히 포괄하고, 또 대변하고도 남음이 있다.

　_임호순(전 삼성전자 인사담당 상무·우송대학교 엔디컷국제대학 입학취업실
　　장·교수)

미국 동부의 교장과 교육 리더들에게 충남삼성고를 방문하는 프로그
램을 진행했을 때 학교의 시설보다 혁신적이고 체계적인 시스템에 놀라
는 그들을 보면서 이미 나는 K-Edu의 가능성을 읽을 수 있었다. 이 책
에서 저자가 밝히고 있는 글로벌 미래 인재에 대한 특징과 방향은 한국

부모만이 아니라 미국의 부모에게도 유익한 지침이 될 것이라 믿는다.

_Kay Kim(전 뉴저지교육위원·뉴욕한인회 수석부회장·Peak Education
Center 대표)

정치적 이념으로 교육체제가 뒤흔들리면서 가장 안타까운 것은 황량
한 사막으로 변해가는 아이들의 모습이다. 물론 내가 느끼는 것처럼 교
육을 둘러싼 사막은 한순간에 바뀌지는 않을 것이다. 언제나 그렇듯 변
화의 시작에는 희망의 전사가 필요하다. 저자는 늘 그랬던 것처럼 쉽지
않은 도전을 했다. 작지만 울림이 큰 한 사람의 힘을 믿기에 기대를 갖고
응원의 메시지를 보탠다.

_이재열(교육신문 베리타스알파 대표이사)

2014년, 나는 진정한 교육이란 무엇인지 이해하는 첫 발걸음을 뗐다.
2017년, 나는 비로소 그 의미를 깨달을 수 있었다. 충남삼성고등학교에
서 학생의 신분으로 경험한 교육은 나에게 신선한 충격을 안겨주었다.
저자는 결코 거창하거나 화려한 변화를 추구하는 것이 아니다. 그저 내
가 경험했던 것처럼 이 책의 실천을 통해 학교와 교사, 그리고 학생이 각
자의 자리에서 빛날 수 있기를 바랄 뿐이다.

_김동준(고려대 재학·충남삼성고 제자)

4장 K-세계인으로 성장하는 학생의 특징 12가지

K-세계인을 키우는
K-EDU시대를 열어라

나의 첫 저서인 《이젠 세계인으로 키워라》를 출간한 지 어느덧 15년이란 세월이 지났다. 당시엔 우리나라 최고의 관심사가 '글로벌'이었기에 어떻게 하면 우리나라가 글로벌로 진입할 것인가, 글로벌한 인재를 키울 것인가를 고민하면서 책을 펴냈다.

15년이 지난 지금 우리나라는 국제기구에서 공식적으로 인정하는 '선진국'이 되었고, 세계 일류를 넘어 초일류 기업을 보유하고 있다. 그리고 문화 예술 분야에서 'K-트렌드'라는 큰 변화와 성과를 이루어 세계의 흐름에 성공적으로 진입함으로써 국가의 위상이 한껏 높아졌다. 나의 책이 그런 변화에 조금이라도 제 역할을 했다면 더는 바랄 것이 없다.

15년이 지난 지금, 나는 비슷한 주제로 책을 다시 써야겠다고 결심했다. 15년이 흐르는 동안 우리나라의 모든 분야는 변화와 발전을 거듭하여 세계적인 수준이 되었건만, 유독 변하지 않는 것이 교육이기 때문이다. 현재 우리나라 부모들의 최대 관심사는 내 아이에게 유치원(K)부터 고3(12)까지의 로드맵을 제시하여 대학에 잘 보내는 것이다. 15년 전 그때와 달라진 것이 거의 없다. 학교 역시 그 틀 안에 머물며 이렇다 할 변화를 꾀하지 못하고 있기는 매한가지이다.

4차 산업혁명의 파도는 이미 우리 가까이에 다가왔는데, 우리는 아무런 준비 없이 예전과 똑같은 마인드로 아이를 교육하고 있다. 성적이 좋아야 하고 좋은 대학을 보내야 한다는, 오직 그것만이 가장 확실하고 안전한 성공공식이라 믿으며 내 아이를 엉뚱한 길로 몰아가고 있는 것은 아닌지, 더 늦기 전에 점검해보아야 한다. 이제 더는 과거의 방식이 통하지 않는다면, 과연 교육은 어떻게 변화하고 혁신해야 하는지도 살펴보아야 한다. 냉철한 분석과 겸허한 반성, 지혜로운 통찰만이 우리 아이들을 혁신의 물결 위에 무사히 안착시킬 수 있다.

AI, 빅데이터, 메타버스, 초연결 등의 키워드로 전개 중인 '4차 산업혁명'은 어떤 한 나라에 국한된 것이 아니라 범세계적으로 동시에 일어나고 있는 현상이다. 게다가 이러한 기술의 발달은 물리적 국경마저도 무의미하게 만들고 있기에, 마침내 전 세계가 진정한 의미의 지구촌이 되는 '글로벌 미래 사회'가 도래한 것이다.

우리 아이들이 이 글로벌 미래 사회를 이끌어가는 K-세계인으로 당당히 서는 것은 모든 부모의 공통된 바람일 것이다. 이를 위해 필요한 것이 세계 최고 수준의 교육, 즉 K-EDU이다.

이 책에는 우리 아이들을 K-세계인으로 성장시키는 글로벌 미래인재 교육의 핵심 키워드인 10C에 대해 정리해두었다. Character(인성), Communication(소통), Convergence(융합), Critical Thinking(비판적 사고), Coding(코딩), Collaboration(협력), Creative Innovation(창조적 혁신), Confidence(자신감), Change(변화), Credit(신용)이 바로 그것이다.

여러 교육 전문가가 주장하는 글로벌 미래인재가 갖춰야 할 역량과 큰 차이가 없어 보일는지 모르나, 41년간 교육 현장에서 직접 아이들을 가르치면서 우수한 학생들을 더욱 우수하게, 평범한 학생들을 비범하게 성장시킨 나의 경험을 토대로 정리한 것인 만큼 실질적인 도움을 줄 수 있으리라 기대한다.

10C에 대한 정리와 더불어 K-세계인으로 성장하는 학생들의

공통된 특징 12가지도 정리해두었다. 이 또한 교육 현장에서 만난 여러 우수한 학생들의 사례와 함께 풀어두었기에, 어렵지 않게 내 아이에게 적용할 수 있을 것이다.

혁신과도 같은 거대한 변화의 파도는 이미 우리 앞에 다가와 있다. 미처 준비하지 못해 파도에 휩쓸려 떠내려가는 여느 사람들과 달리 내 아이가 유유히 변화와 혁신의 파도에 올라타고 즐기기 위해서는 글로벌 미래역량이 탄탄하게 준비되어야 한다. 내로라하는 세계 인재들과 어깨를 나란히 하며 글로벌 무대에서 당당히 제 꿈을 펼치고, 인공지능과는 구분되는 인간 고유의 역량을 갖추어 미래 사회의 변화를 즐기는 K-세계인으로 성장하도록 이끌어주어야 한다. 이것이 바로 교육이 할 일이다.

이러한 바람과는 달리 현실은 어떤가. 급변하는 글로벌 환경에도 불구하고 공교육은 아직 그 방향조차 제대로 정하지 못하고 있고, 사교육 역시 입시 시스템에 끌려가느라 코앞에 닥친 미래를 내다볼 여유가 없다.

학부모는 또 어떤가. 그 누구보다도 내 아이를 사랑하지만, 정작 현실은 혼돈 속에서 "일단 달려!"를 외친다. 어디로 가야 할지 이렇다 할 방향조차 제시하지 못한 채 남들이 달리니 일단 달리라고 주문한다.

프롤로그

그래서 나는 이 책에 우리나라 교육을 향한 쓴소리도 함께 담아두었다. 교육정책을 만드는 사람들, 현장에서 직접 학생들을 가르치는 교사들, 학생들의 보호자이자 교육의 제1 소비자인 학부모들께 냉철한 직언을 아끼지 않았다. 다소 불편할 수도 있겠으나 이는 단순한 비판과 지적이 아닌 지난 41년을 교육 현장에서 아이들과 함께한 사람의 뜨거운 호소이기에 마음을 열고 읽어주길 간절히 기원한다.

평교사였던 때에도, 교감과 교장을 맡으며 관리직에 있을 때에도 나는 늘 학생들을 바라보았다. 그들에게서 한시도 눈을 떼지 않고, 어떻게 하면 그들을 더 빛나게 할 수 있을까, 그들이 바라던 꿈을 이루고 행복하고 당차게 자신의 길을 걸어갈 수 있을까를 고민했다. 그 끝에서 미약하나마 답을 찾은 듯하여, 이 책에 담아 세상에 내놓는다. 부디 이 땅의 모든 학생이 그들 고유의 빛으로 힘껏 세상을 밝히는, 진정한 K-세계인이 될 수 있도록 우리 교육이 자타공인의 'K-EDU'로 우뚝 서주길 바란다.

K-EDU가 세계 교육의 표준이 되길 소망하는, 박하식

1

이젠
교육의 품격을
높여라

K·EDU

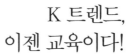

K 트렌드,
이젠 교육이다!

2021년 7월, 대한민국이 전 세계의 인정을 받으며 당당히 '선진국'이 되었다. 유엔(UN) 산하의 유엔무역개발회의(UNCTAD)가 한국의 지위를 개발도상국에서 선진국 그룹으로 변경한 것이다. 그간 '마음만 선진국'이었던 한국이 모두에게 인정받는 명실상부한 선진국으로 격상된 것은 자랑스러운 일이 아닐 수 없다. 더군다나 1964년 유엔무역개발회의가 설립된 이후 개발도상국에서 선진국 그룹으로 지위를 변경한 것은 한국이 처음이라 더욱 뜻깊은 일이다. 모두가 바라지만 아무도 해내지 못한, 그 어려운 것을 우리 대한민국이 해낸 것이다.

세계 10위권의 경제 규모는 이미 10여 년 전에 달성했고, 우리의 대중문화는 한류라고 하는 새길을 열어 세계인들의 눈과 귀를 사로잡고 있다. BTS는 연이어 빌보드 차트 1위를 석권한 것으로도 모자라 2020년에는 빌보드 역사상 처음으로 영어가 아닌 노랫말로 쓰인 곡으로 1위를 차지하는 기록을 세우기까지 했다. 걸그룹 블랙핑크는 유튜브에서 총 32편의 영상이 억대의 조회 수를 기록한 데다 동영상 누적 조회 수는 207억 회를 넘어서는 등 전 세계적으로 막강한 영향력을 행사하고 있다. 게다가 2021년 10월 기준으로 유튜브 채널의 구독자 수가 6,880만 명 이상으로, 전 세계 남녀 아티스트를 통틀어 해당 분야 1위를 자랑한다.

종합예술이라 할 수 있는 영화는 또 어떤가. 봉준호 감독의 영화 〈기생충〉은 아카데미 4관왕을 차지했고, 영화 〈미나리〉의 여주인공, 배우 윤여정은 오스카 여우주연상을 수상하는 등 한국의 감독과 배우가 세계 유명 영화제의 주요 상들을 석권하고 있다.

어디 그뿐인가. 동남아시아를 중심으로 꾸준히 K-드라마의 열풍을 일으켰던 우리나라는 2021년 넷플릭스 오리지널 드라마 〈오징어 게임〉을 통해 전 세계에 한국 드라마의 힘을 보여주었다. 세계 94개국 이상에서 시청률 1위를 기록한 〈오징어 게임〉은 넷플릭스 창사 이래 최고의 흥행작이다. 넷플릭스 가입자 수가 2억 370만으로 최고점을 찍은 후 점점 둔화하던 시점에 〈오징어 게임〉

으로 신규 가입자가 한 분기 만에 440만 명이 늘었다.

한국 문화의 저력이 이렇듯 막강한 데도 한쪽에선 '한때의 유행이다', '거품이다', '운이 좋았던 덕분이다'와 같이 우연한 성공이라는 의견도 있다. 그러나 한두 번 정도 운 좋게 얻어지는 우연한 성공도 있겠지만, 문화예술의 다양한 분야에서 이렇듯 꾸준히 성과를 내는 것은 결국 '실력'이 낳은 정직한 결과임이 분명하다. 게다가 그간 한류의 한계로 지적되어 온 한국어라는 언어적 장벽조차 좋은 콘텐츠 앞에선 걸림돌이 될 수 없음을 증명해 보였다.

K-교육이라고
못할 게 뭔가

세계 속에서 당당히 대한민국을 심어가는 것은 비단 대중문화만은 아니다. 우리나라를 대표하는 기업들도 힘찬 걸음으로 세계의 중심으로 나아가고 있다. 삼성전자가 그 대표적인 경우이다. 이제 세계는 코카콜라보다 삼성전자를 더 많이 알고 더 높이 평가하고 있다.

2021년 10월, 글로벌 브랜드 컨설팅 전문업체 인터브랜드(Interbrand)가 발표한 '글로벌 100대 브랜드(Best Global Brands)'에서 삼성전자는 브랜드 가치가 746억 3,500만 달러(약 88조 원)로 평가됐다. 이는 2020년에 이어 2년 연속하여 글로벌 5위를 기록한 것으로, 한국의 대표 기업인 삼성이 한국을 넘어 이제 세계의 중심에 서 있음을 잘 알게 해주는 결과이다. 게다가 해당 평가는 2020년에 623억 달러였던 브랜드 가치를 20%나 훌쩍 상승시킨 결과이며, 6위인 코카콜라와도 171억 4,700만 달러(약 20조 원)가 나는 격차이다.

혹자는 개천에서 용이 난 것이 아니냐 하겠지만, 우리나라는 이미 삼성전자와 같은 글로벌 기업을 키워낼 충분한 환경을 갖추고 있다. 2021년 9월 유엔(UN) 산하 기구인 세계지식재산권기구(WIPO)는 글로벌 혁신지수(GII)를 발표했다. 132개국을 대상으로 진행된 평가에서 한국은 아시아 지역에서는 1위, 세계에서는 스위스, 스웨덴, 미국, 영국에 이어 당당히 5위를 차지했다. 이는 10위를 기록했던 2020년보다 5계단 상승한 것으로, 상위권의 국가 중 혁신 역량의 향상이 가장 큰 국가로 평가되었다.

'혁신'은 하나를 넣으면 하나가 탄생하던 이전의 산술적 생산 성과와는 전혀 다른 차원의 계산법을 가능하게 한다. 하나를 넣으면 1,000도 나오고 100만도 나온다. 우리나라의 미래가 더없이 희망적인 것도, 이렇듯 산업의 다양한 영역에서 과거가 아닌 미래의 방식으로 혁신하면서 성장하고 있기 때문이다.

"나는 우리나라가 세계에서 가장 아름다운 나라가 되기를 원한다. 우리의 부력(富力)은 우리의 생활을 풍족히 할 만하고, 우리의 강력(强力)은 남의 침략을 막을 만하면 족하다. 오직 한없이 가지고 싶은 것은 높은 문화의 힘이다."

백범 김구 선생의 이 말은 명실상부한 문화강국이 된 지금, 다시금 그 의미를 되새기게 한다. 우리는 문화의 힘만으로 아시아의 작은 나라를 전 세계의 중심에 서게 하고, 산업을 일궈 경제를 부강하게 이끌고 있다. 그런데 나는 문화의 힘만큼이나 강력한 에너지를 내는 자원이 교육이라 생각한다. 교육은 현재 K-트렌드를 이끄는 엔터테인먼트, 전자산업, 뷰티산업, 스포츠 외에도 우리 삶의 모든 영역에서 꽃을 피우고 열매를 맺게 해줄 가장 강력한 자양분이다. 이런 중요한 교육이 K-트렌드의 물결에 도움은커녕, 오히려 성장의 발목을 잡고 있다는 비판의 목소리가 높다.

스위스 국제경영개발원(IMD)이 매년 발표하는 '국가경쟁력 순위'에서 우리나라는 2021년 기준으로 세계 63개국 중 23위이다. 그리고 세부 항목 평가 중 대학경쟁력 순위는 하위권인 47위에 머물렀다. 이는 나의 첫 저서인 《이젠 세계인으로 키워라》를 집필하던 때인 2005년(국가경쟁력 29위, 대학경쟁력 52위)의 순위와 큰 차이가 없는 결과이다. 게다가 영국의 글로벌 대학 평가기관인 THE(Times Higher Education)가 99개국 1,662개 대학의 순위를 매겨 발표한 '세계 대학 순위 2022'의 결과, 우리나라는 서울대

(54위)와 카이스트(99위)가 겨우 100위권 안에 들어갔을 뿐이다.

왜 이런 부끄러운 결과가 나왔는지는 우리나라의 공교육을 경험해 본 사람이라면 누구나 알 수 있을 정도로, 한국 교육의 현실은 세계화, 미래화와는 너무나 거리가 먼 과거의 방식에 머물러 있다. 우리나라의 주입식, 암기식의 획일화된 교육 방식, 성적 위주의 학생 능력 평가는 오랫동안 큰 문제로 지적받아 왔음에도 달라진 것이 거의 없다.

공부는 무조건 머리에 집어넣는다고 능사는 아니다. 암기식, 주입식 공부로 당장은 머리에 지식을 넣을 수 있을는지 모른다. 그러나 이해되지 않은 지식, 내 것이 되지 않은 지식은 밖으로 꺼내어 활용할 수 없을뿐더러 사라지는 것도 순식간이다. 배우는 즐거움은커녕 왜 공부해야 하는지조차 모르면서 교사의 입만 바라보는 학생이 어디 한둘인가. 상황이 이렇다 보니 우리나라는 OECD 국가 중 '학생들의 행복지수 최저', '청소년 자살지수 최고'라는 슬프고 부끄러운 기록을 오랫동안 유지해왔다.

내 아이가 행복하게 공부하고 스스로의 의지로 학습하려면 학생 개개인의 다양성을 인정하고 존중하며, 옳고 그른 답을 찾는 공부가 아닌 서로 다른 다양한 답을 찾는 공부가 되어야 한다. 명문대 진학만이 성공의 정답이 아닌, 꿈을 찾고 목표를 세워 자신의 길을 나아가는 것이 진정으로 성공한 삶임을 가르치는 교육이어야 한다.

현재 우리나라의 교육 방식을 보면 아직 가야 할 길이 먼듯하나, 현실에 대한 냉철한 분석과 문제점의 인정은 변화와 발전을 위한 시작점이기도 하니 절망이 아닌 희망의 시선으로 바라보아야 한다. 더군다나 다양한 분야에서 한국인의 저력이 드러나고 인정받고 있는 만큼 교육도 얼마든지 세계적 수준이 될 수 있다.

우리나라의 교육 인프라는 이미 최정상급이다. 우리나라 대졸자 중 상위 5%에 속하는 뛰어난 교사들의 역량과 둘째가라면 서러울 정도의 높은 교육열, 세계 185개국 중 2위를 차지한 뛰어난 두뇌 등 교육과 직접 관련 있는 것들이 모두 둘째가라면 서럽다. 어디 그뿐인가. 세계 최고 수준의 5G 디지털 인프라가 구축된 덕분에 코로나 사태에 대응한 비대면 원격교육이 조기 정착되어, 큰 혼란 없이 안정적으로 수업이 진행될 수 있었다.

이제 교육도 K-교육이 되어 세계로 뻗어 나가야 한다. 교육과 학습에 대한 능력, 디지털 인프라, 열정까지 세계 최고 수준으로 완벽하게 갖춰져 있는데, 글로벌 스탠다드가 될 K-EDU의 물결을 만들어내지 못할 이유가 뭐가 있겠는가? 폐허가 되었던 땅을 70년 만에 세계 최고의 문화강국, 경제강국, 혁신국가로 만들어낸 저력이라면 충분히 해낼 수 있을 것이다.

교육 백년대계
왜 늘 오락가락인가

학교 교육의 존재 이유는 무엇일까? 학교 교육은 학교 밖에서의 사적인 교육 행위 없이도 모든 학생이 양질의 교육을 받고 우수한 역량을 키우도록 이끄는 것에 그 목적이 있다.

그런데 정작 우리나라의 교육은 어떤가. 교육 전문기관으로서 학교가 전문적인 서비스를 제공하지 못한다고 판단한 학부모는 방과 후에 적지 않은 시간과 돈을 들여 학원이나 개인 교습으로 아이들을 내몬다. 공교육에서 채우지 못한 갈증을 사교육에서 채우려는 것이다.

2021년 3월의 통계청 발표에 따르면 2020년 초중고 사교육비

총액은 약 9.3조 원, 사교육 참여율은 66.5%나 된다고 한다. 공교육에 78조 원에 가까운 예산이 책정되었어도 이 예산이 학생들의 실질적 성장과 발전에 효율적으로 쓰이지 못하기 때문에 국민은 사교육으로 10조 원 가까운 돈을 지출하고 있다. 학교라는 공교육기관에서 제공하는 교육의 질에 만족하지 못하는 학생과 학부모가 학교 밖에서 교육적 욕구를 충족해 나가는 것이다.

검증되지 않은 교사의 역량도 문제이지만 사교육은 높은 비용을 요하는 탓에 부모의 경제적 능력에 따른 교육 수준과 비용의 격차가 클 수밖에 없다. 그 결과 교육 기회의 불평등이 초래되고, 이는 다시 부모의 사회 계층 대물림 등 여러 불평등을 심화하는 심각한 사회 병폐로 이어지게 된다.

정치는 짧고
교육은 길다!

선거철만 되면 정치인들은 교육 관련 여러 정책과 공약을 선보인다. 그런데 교육다운 교육으로의 변화와 발전보다는 교육 환경의 변화에 머무는 경우가 많다. 표를 얻기 위해서는 학부모와 학생이 당장 체감할 수 있는 정책, 즉 학부모의 경제적 부담을 덜어 주는 것, 학생의 학습 부담을 덜어 주는 것들 위주로 가시적이고 단기에 효과가 나타나는 공약을 만들 수밖에 없기 때문이다.

물론 이러한 공약의 실행 덕분에 반값 등록금, 무상급식, 무상교육, 자유학기제, 고교 학점제 등 여러 정책이 현실화되었고, 교육 환경만큼은 세계 어디에도 뒤처지지 않을 정도로 복지국가의 수준에 올라와 있다.

그러나 안타깝게도 교육의 근본적 개선을 위해서 필요한 것들은 여전히 이렇다 할 변화를 이끌지 못하고 있다. 공교육의 질을 높이는 것과 같이 장기적 시각으로 변화를 이끌어야 하는 문제들, 특수교육, 영재교육, 다문화교육 등 소수를 위한 교육이지만 국가의 미래, 국가의 균형 발전을 위해 필요한 문제들은 선거 공약 목록에서 외면당한다. 단기간에 성과를 낼 수 없고, 다수의 지지를 얻지 못한다는 이유에서다.

선거에서 교육과 관련한 정책을 내놓는 것은 당연한 일이지만, 교육을 정치적 논리로만 바라보며 정책을 내놓는다면 정작 중요한 알맹이는 건드려보지도 못하고 겉만 반지르르하게 닦는 꼴이 된다. 백년대계이어야 할 교육 정책이 매번 갈지 자로 오락가락하는 것 또한 이런 단기적 시각에서의 정책 제안, 그리고 충분한 검토 없이 가시적인 효과에만 집중하며 일단 시행하고 보는 정치문화 때문이다.

교육은 4년마다 바뀌는 정치가 아니라 100년을 두고 변화를 이끌고 성과를 창출하는 대계이다. 큰 그림을 그리고 장기적 계획으로 변화하고 발전해야 할 교육의 근본적 개선은 쏙 빼놓고 당장 눈에 보이는 성과를 창출하는 단기적, 외적 변화만 추구하다 보니 우리 교육의 질이 세계적 수준에 미치지 못하는 것이다.

공교육의 허점을 비싼 돈을 들여가며 사교육으로 다시 채우는 현상, 당장 눈앞의 한 표와 당선을 위해 근원적인 문제를 외면하는 정치 등 해결해야 할 문제가 많지만 그럼에도 희망은 있다. 우리 국민의 교육에 대한 열정과 에너지만큼은 어디에 내놔도 꿀리지 않을 정도로 세계 최고 수준이지 않은가. 이 놀라운 교육에 대한 국민적 에너지를 낭비하지 않도록 교육을 교육답게 하는 장기적 로드맵을 잘 만들고 묵묵히 실천해 나간다면 우리나라는 교육으로 인해 다시 도약할 기회가 분명히 올 것이다.

공교육의 질을 높여 사교육이 필요 없는 교육 환경을 만들기 위해서는 무엇보다 교육의 1소비자이자 정치의 유권자인 학부모의 적극적인 관심이 필요하다. 학교에서 이루어지는 교육 예산은 우리 학부모들이 낸 세금이기에 학교가 질 높은 교육을 해주기를 당당하게 요구해야 한다. 그리고 학교 교육이 당장은 만족스럽지 않다고 해도 믿고 함께 참여하여 해결해 나갈 수 있는 마음가짐의 변화도 필요하다.

정치인들은 표 획득을 위한 단기적이고 가시적 효과를 내는 정책이 아닌 공교육의 수준을 높여 학생의 경쟁력과 학력을 높이는, 교육의 근본을 바로잡는 정책을 펼쳐가야 한다.

또 교육의 주체인 학교는 공교육의 권위와 전문성 회복으로 학생이 방과 후에 다른 교육을 할 필요가 없도록 만들어야 한다. 즉 학교에서 제공하는 교육서비스의 질을 획기적으로 올려 학생과 학부모가 사교육에 기웃거리지 않도록 해야 한다. 더불어 교사들의 전문성과 열정을 새롭게 요구하여 학생들에게 질 높은 교육을 제공할 수 있도록 이끌어야 한다.

공교육이 제 역할을 충분히 해낸다면 우리 아이들의 높은 학업적 성취는 물론이고 삶의 질까지 개선될 수 있다. 학교의 정규 교육이 끝나면 그 이후의 시간은 배운 내용을 자신의 것으로 만드는 데 활용하고, 자신의 미래와 세계에 대해 꿈을 갖는 시간으로 활용할 수 있다. 학교와 학원을 오가며 반복하여 지식을 외우고 주입하는 것보다, 꿈을 품고 그것을 이루기 위해 스스로 학문을 탐구하고 깨우치면서 더 큰 의미의 성장을 이룰 수 있다. 또 친구들과 즐겁게 놀고 가족과 편안하게 대화를 나누는 화목한 시간을 가짐으로써 감성과 인성도 올바르게 성장할 수 있다.

올바른 공교육의 틀을 잡고 바탕부터 그 힘을 탄탄히 키우는 일은 미래 역량 강화는 물론, 우리 아이들의 올바르고 행복한 성장을 위해서도 꼭 필요한 일이다. 따라서 단기간에 만족할 만한 성과를 확인하기 어렵다고 해서 미루어두거나 외면해서는 안 된다. 더는 우리 아이들이 '행복지수 최저', '자살지수 최고'라는 슬픈 현실에 머물게 두어서는 안 된다.

메타인지로
주도적 학습자가
되라

과학과 의학기술의 발달로 인간의 기대수명이 100세를 넘어 130세를 향하고 있다. 이는 누군가에겐 반가운 소식이 될 테지만 또 누군가에겐 두려운 현실일 수도 있다. 이렇듯 같은 현상을 두고 희비가 엇갈리는 것은, 얼마나 그것을 대비하고 준비했는가의 차이일 것이다.

인간의 늘어난 기대수명만큼이나 희비가 엇갈리는 것이 AI 기술의 발전이다. AI의 능력이 인간을 뛰어넘는 영역들이 점점 늘어나면서 혁신적 산업의 발달을 기대하는 긍정적인 시각도 있지만, 한편에선 AI에게 일자리를 빼앗길 것을 염려하는 목소리도 높다.

이러한 염려가 결코 지나친 것은 아니지만, 어쩌면 이 또한 준비되지 못한 사람들의 두려움이 아닌가 한다.

인간에게는 기계가 넘볼 수 없는 고유의 능력이 분명하게 있다. 제아무리 AI가 능력이 우수해진다고 해도 결코 흉내 낼 수 없는 인간의 능력이 있기에, 인간은 그 고유의 능력에 더욱 집중하여 역량을 쌓으면 된다. 그 시작점이 바로 가정과 학교에서의 교육이다. 교육을 통해 AI가 결코 넘볼 수 없는, 인간만의 역량을 키운다면 AI를 경쟁의 대상이 아닌 활용의 대상으로 두며 우리 삶을 더욱 편리하게 발전시켜 나갈 수 있다.

무엇을 아는지,
무엇을 모르는지 알아야

우리가 상상하는 가장 바람직한 학교 수업은 어떤 모습일까? 그날의 학습 내용을 막힘없이 술술 잘 설명해주고 학습에 필요한 자료까지 첨부하는 열정을 보이는 유능한 선생님, 그리고 선생님의 말씀을 단 한 마디도 놓치지 않으려는 듯 귀를 쫑긋 세우고 눈을 반짝이며 수업에 몰입하는 학생들. 모두가 바라는 가장 이상적인 수업광경이 아닐까 한다.

그런데 이러한 형태의 수업이 주는 효과 또한 우리의 기대만큼 만족스러울까? 과연 AI의 능력을 두려워하지 않아도 될 정도로 인간 고유의 역량을 키울 수 있을까? 안타깝지만 현재의 수업방식으로는 내 아이가 다가올 미래에 AI의 두려움을 떨치고 여유로운 웃음을 지을 정도의 역량을 갖추기가 어렵다.

하나를 가르치면 열을 깨우치는 아이. 모두가 바라는 가장 이상적인 학생이자 자녀의 모습이지만 현실은 열을 가르쳐도 그 절반조차 알기 힘든 경우가 대부분이다. 이는 개개인의 역량의 문제일 수도 있겠으나 그보다는 교육 방식이 잘못된 탓이 크다. 교사가 일방적으로 전달하고 학생이 수동적으로 습득하는 현재의 수업방식은 10개를 가르치면 그 절반도 내 것이 되기 힘들다. 이해하고 사고하는 과정이 모두 생략된 채 일방적으로 지식과 정보가 주입되니 학생은 자신이 무엇을 아는지, 혹은 무엇을 모르는지조차 알지 못한 채 무조건 더 많이 구겨 넣기 식의 공부를 하기 때문이다.

오랫동안 우리 교육은 교사가 주체가 된 수업을 진행해왔다. 교사에게 지식과 정보의 전달자 역할을, 학생에게 지식과 정보의 수용자 역할을 요구한 것이다. 수업을 통해 지식을 습득해야 하는 이는 학생인데, 정작 수업에서 학생은 관객에 불과하다. 교사는 수업의 질을 높이기 위해 다방면으로 연구하고 자료도 수집하며, 많은 공부를 병행한다. 하지만 학생은 그저 교사가 전달한 내용을 잘 기억하고, 적당히 이해만 하면 되는 수동적 태도를 취해왔다.

이러한 교사 중심의 강의식 수업에서 교사는 최대한 많은 것을 가르치지만, 학생은 최소한의 학습활동에 머물게 되고, 기억력만 동원하면 되는 수동적 학습자로 굳어지게 한다. 게다가 이런 강의 중심의 수업에서는 학습 내용과 해당 교과에서 얻어지는 사고력의 습득 정도를 확인할 수가 없다.

일방적 주입식 교육은 단순히 교육 현장의 문제로만 끝나지 않는다. 초·중·고등학교 12년의 긴 학습 기간은 이후에 맞이하게 될 사회적 역할에 대한 준비를 위한 시간이다. 그런데 그 긴 시간을 수동적 학습자로만 있었던 탓에 우리 아이들이 대학을 졸업하고 사회에 진출할 때 예상치 못한 문제와 직면하게 된다.

우선 기업이 원하는 인재상에서 밀려난다. 또 글로벌 인재로 세계 유수의 기업에 진출하는 것은 아예 욕심도 낼 수 없다. 수동적 교육과정을 거침으로써 창의적인 사고능력도 개발되지 않았고, 자주적인 업무처리 능력을 갖추지 못한 데다 사고력, 비판력 등 미래인재에게 필요한 역량을 갖추지 못했기 때문이다.

우리 아이가 미래인재로서의 충분한 역량을 갖추기 위해서는 교사와 학생이 소통하는 양방향 수업이 되어야 한다. 학생은 수동적인 지식의 수용자가 아닌 선생님과 함께 수업을 만들고 이끌어가는 주체가 되는 것이다. 그리고 이를 위해서는 수업을 준비하는

1장. 이젠 교육의 품격을 높여라

단계에서도 학생 스스로 자기주도적인 학습을 해야 한다. 즉, 주어진 학습 주제에 관하며 미리 충분한 공부를 해오고, 수업에서 친구나 선생님에게 궁금한 것을 질문하고 답하며 지식을 완성해가는 것이다.

흔히들 자기주도적 학습이라고 하면 '스스로 공부하는 것' 정도로만 생각한다. 그런데 진정한 자기주도학습은 '무엇을 학습할지, 어떻게 학습할지 등의 계획을 스스로 세우고 실행하는 것'을 의미한다. 그런데 이런 학습에 대한 계획을 세우려면 무엇보다 자신의 '인지' 상태에 대해 정확히 알고 있어야 한다. 무엇을 알고 있고, 무엇을 모르고 있는지를 정확히 알아야 무엇을 더 채워야할지를 알기 때문이다.

최근 자기주도적 학습과 관련하여 주목받는 '메타인지'가 바로 그것이다. 메타인지(meta認知, metacognition)의 접두어인 메타(meta)는 '넘어서(beyond)'의 뜻을 가진 단어로, 메타인지는 '내가 알고 있고, 알아가는 것을 위에서 보는 것'이라는 의미의 용어이다. 즉, 내가 알고 있는 것을 알고, 또한 내가 모르는 것을 앎으로써 내가 무엇을 더 보완해야 하는지를 알아 학습의 계획을 세우고 주도적으로 실행하는 학습의 전반을 의미한다.

다소 생소하고 어렵게 느껴질 수도 있으나 아이들을 지도할 때 메타인지에 관심을 가져야 한다. 메타인지 없이 주어진 대로 수동적으로 공부하는 아이들은 자신이 무엇을 알고 있는지, 무엇을 모르고 있는지 알 수 없으니 무엇을 더 공부하고 배워야 하는지조차 알지 못한다. 이런 악순환 속에서 양에 집중한 공부를 한들 그것이 내 안에 지식으로 쌓일 리 만무하다.

이제 교육은 더 많이 가르치려는 욕심을 버려야 한다. 오히려 적게 가르치고 많이 배울 수 있도록, 학생 스스로 더 많은 것을 공부하게 이끌어주어야 한다. 학생이 열을 채워오면 그것을 바탕으로 함께 토론하고 보완하며 학문의 깊이를 채우는 것이다. 특히 메타인지를 통해 자신의 부족한 부분을 채움으로써 학생이 주도적으로 자신의 미래를 대비한 지식과 역량을 쌓을 수 있도록 지도해주어야 한다.

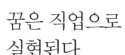

꿈은 직업으로
실현된다

어린 시절에 우리는 막연하게나마 나만의 꿈을 품는다. 그리고 청소년기에 그 꿈은 좀 더 선명해지면서 학교에서의 교육을 통해 꿈을 이루기 위한 준비를 하게 된다. 꿈의 실현은 현실에서 대부분 직업을 통해 이루어진다. '세상에서 가장 맛있는 요리를 만들어 사람들을 행복하게 하겠다'라는 꿈은 요리사라는 직업을 통해 실현되고, '질병으로 고통받는 사람들에게 도움을 주고 건강하게 해주겠다'라는 꿈은 의사라는 직업을 통해 실현된다.

꿈은 권리이기도 하나 책임이기도 하다. 나는 내 삶의 주체로서 나의 삶에 최선을 다할 책임이 있고, 사회구성원으로서 사회에 대한 책임이 있다. 이러한 책임을 다하기 위해 즐겁고 행복하게 일하는 상태가 꿈을 통해 자아실현을 해가는 모습이다. 자아를 실현한다는 것은 어느 위치에 도달하여 명예와 부를 쌓은 상태가 아니라 자신과 사회와 국가에 긍정적 영향을 미치는 일을 하는 상태를 말한다.

꿈과 자아실현의 현실적인 방법이라 할 수 있는 직업은 생계를 유지하기 위한 단순한 일(job)이기도 하지만 자신이 국가나 신으로부터 부름(calling)을 받은 자리이기도 하다. 그리고 그 분야에서 누구보다 잘 해낼 수 있는 전문성을 발휘하여 사회에 기여하는 일이다. 따라서 학교는 교육을 통해 학생들이 자신의 꿈을 이루고 자아실현을 할 직업을 찾아갈 수 있도록 친절한 안내자가 되어주어야 한다. 그리고 직업 수행에 필요한 역량을 길러주고, 일로 만나게 되는 사람들과 원만한 관계를 위한 사회성, 맡은 바를 성실하게 해내는 책임감 등의 윤리도 함께 교육해야 한다.

직업인으로서 미래를 준비하라

꿈이나 진로에 대한 구체적인 고민이나 노력 없이 그저 주위의 기대나 성적에 맞춰 진학하면 자신에게 맞는 길을 찾기까지 오랜 방황을 거쳐야 한다. 나는 신학을 공부하고 싶었으나 부모님의 반대로 대학에서 철학을 전공했다. 그리고 현실과 이상 속에서 고민하다가 결국 교육자의 길을 가게 되었다. 대학에서 함께 철학을 공부했던 친구 중에는 금융계로 진출하거나 직접 기업을 일으켜 성공한 이도 있다. 결과적으로는 모두 잘 되었다고 볼 수 있으나, 그 과정에서의 방황과 혼란은 적지 않았다.

안타깝게도 40여 년의 긴 시간이 지난 지금도 여전히 많은 고등학생들이 같은 처지에 있다. 오직 내신과 수능에 매달려 정작 중요한 꿈과 미래에 대한 고민은 뒷전이다. 어른들은 아이들에게 "꿈을 찾아라, 꿈을 꿔라."라고 말하지만, 어떻게 찾아야 하는지에 대한 친절한 안내는 없다. 대학 원서를 쓸 때가 되어서야 교사는 "뭘 하고 싶으냐?"라며 뜬금없이 질문을 던진다. 그리고 부모는 "뭘 해야 취업이 잘 되느냐?"라는 말로 아이들을 압박한다.

물론 대학에서의 전공이 인생을 결정하는 절대적인 것은 아니다. 전공이 꼭 직업과 연결되는 것도 아니다. 하지만 적어도 고등학교는 대학에서 무엇을 전공할지를 탐색하는 과정을 통해 아이들이 평생 무엇을 하며 살지 진지하게 성찰해볼 기회는 제공해주어야 한다. 재능과 관심사를 충분히 살릴 만한 직업의 종류, 그 길로 가기 위한 과정도 알려주어야 한다.

학교는 학생들에게 단순히 상급학교 진학을 위한 지식만을 주입하는 곳이 아니다. 아이가 성인이 되는 과정을 함께하며 진로를 생각한 교육을 충실하게 해줘야 한다. 즉, 아이의 꿈과 자아실현을 하기 위한 직업을 함께 탐색해주고 그에 맞는 준비를 하도록 이끌어주어야 한다.

고등학교를 졸업하면 몸과 마음은 물론이고 법적으로도 엄연한 성인이 된다. 성인이 되면 당연히 독립된 생활을 할 수 있는 직업인으로서의 능력을 갖추어야 한다. 대학에서의 교육 기간이 남았으니 아직 내 아이는 학생이고 어리다고 생각할지 모르나 그것과는 무관하게 성인으로서 삶의 책임을 다해야 한다. 대학교육은 직업에 필요한 전문적인 역량을 연마하는 기간을 좀 더 갖는 정도의 의미일 뿐 엄격한 의미로 고등학교까지의 교육을 통해 직업인으로서의 미래에 대한 준비를 충분히 해두어야 한다.

아이들에게 직업에 대한 소명을 일깨우고 꿈을 찾게 하는 것은 단지 대학에서 무엇을 전공할 것인가를 결정하는 데만 그치지 않는다. 아이들은 꿈이라는 분명한 목표를 가짐으로써 공부를 해야 하는 이유를 찾을 수 있다. 일찍부터 구체적인 꿈과 목표를 설정하면 자기주도적이고 능동적인 학습이 가능하다. 성적을 위한 공부가 아닌 꿈과 자아실현을 위한 공부이니 그 과정조차도 즐겁고 행복할 수 있다.

그렇다면 아이들이 성인이 되기 전까지 자신의 진로를 충분히 탐색하고 직업을 위한 준비를 하게 도우려면 가정과 학교, 사회는 어떤 노력을 해야 할까?

● 전문적인 진로 지도가 필요하다

급격한 기술의 발전과 사회변화로 대학의 전공도 훨씬 다양해졌고, 직업 또한 큰 변화를 겪고 있다. 사라진 직업도 생겼고, 인공지능의 발달로 곧 사라질 것으로 예측되는 직업도 있다. 또 이전에는 없던 새로운 직업들도 많이 생겨났다. 이런 변화에 둔감한 부모는 의사나 변호사와 같은 수십 년 전의 기준을 아직도 자녀에게 강요한다. 교사 역시 적극적으로 세상의 변화를 읽으며 직업의 변화를 예측하기란 역부족이다.

다양한 직업의 전문가들을 초청해 '직업 특강' 프로그램을 열어 견문을 넓히는 것도 좋다. 그리고 전문가를 찾아가 개인에 맞는 진로 상담을 하는 것도 무척 도움이 된다. 후자의 경우엔 소정의 비용이 발생하나 학원이나 과외 한 과목을 수강하는 것과 비교하면 결코 비싼 금액이 아닐뿐더러, 진로에 대한 진지한 고민 없이 무작정 학원에 등록하는 것보다 훨씬 큰 도움이 된다. 따라서 학교엔 진학 지도실만이 아니라 진로 상담실을 갖추어 대학 이후에 진입하게 될 직업 세계에 대한 전문적인 안내와 지도 시스템을 갖추어야 한다.

● 대학 진학은 취업을 유보한 것이다

고등학교 교육이 갖는 아주 중요한 의미는 성인으로 진입하기 전 마지막 교육기관이라는 것이다. 즉, 고등학교를 졸업했다는 것은 자신의 삶에 대한 경제적 독립을 해야 한다는 의미이다.

우리나라의 고등학교는 크게 졸업 후 취업하는 '취업계 고등학교'와 대학에 진학하는 '진학계 고등학교'로 구분된다. 특성화고등학교, 마이스터고등학교가 대표적인 취업계 고등학교로 학생들이 성인으로서 성공적으로 직업에 진입할 수 있는 역량을 갖추도록 이끌어주어야 한다. 그리고 진학계 고교에서 대학에 진학하는 것은 자신이 진입해야 할 직업의 세계를 4년간 유보하고 보다 전문적인 역량을 갖추기 위한 기간을 갖는 것뿐이다.

이렇듯 공교육으로서 학교 교육의 최종 목표는 자신의 꿈을 이루는 직업으로의 성공적인 진입이다. 대학을 졸업해도 취업을 못하여 대학원을 더 다니고, 취업계 고교 학생들의 절반 이상이 취업이 아닌 대학 진학을 선택하는 현상은 우리 교육이 직업에 대한 의미와 중요성을 제대로 가르치지 않고 있기 때문이다.

이런 의미에서 고등학교의 교육과정은 학생들의 진로에 맞추어져야 하고, 그것은 학생이 하고자 하는 전문 분야, 직업 세계와 연계되어야 한다.

● 학교에 진로 상담실을 갖춰라

전문가의 도움이나 지원을 기반으로 진로 상담에 관한 학교의 자체적인 역량을 키워나가야 한다. 전문 상담원을 고용해 상담실을 설치하고, 늘 학생들의 변화와 관심사에 귀를 기울이는 것이다. 학생마다 진로 탐색 파일을 만들어 정기적으로 상담하고 진로를 모색한다면 아이가 고2 정도가 되었을 때 어떤 직업을 가질 것인지 어느 정도 윤곽이 그려진다. 이에 따라 어떤 대학에서 무엇을 전공할 것이며, 그 대학에 지원하기 위해 어떤 활동을 하며 역량을 갖춰야 할 것인지도 결정할 수 있다.

● 직업 탐방의 기회를 제공하라

학교와 가정, 그리고 전문가의 도움을 받아 아이에게 다양한 직업의 세계를 보여주며 스스로 자신의 꿈을 발견하게 도와주었다면, 이제 그것을 현실에서 접할 기회를 줄 필요가 있다. 기업 및 다양한 기관과 연계하며 아이들 각자의 적성에 맞는 인턴 프로그램을 마련하고, 방학 기간을 활용해 미리 체험할 기회를 주는 것이다. 머릿속으로만 이해했던 직업의 세계를 직접 체험함으로써 그 직업이 자신과 잘 맞는지 더 정확히 확인할 수 있고, 만약 그렇다는 확신을 얻는다면 더욱 열정적으로 공부에 임할 수 있다.

진지하고 전문적인 진로 탐색의 과정 없이 무작정 성적에 맞춘 안정지원으로 대학진학률을 높이는 것은 아이에게 무척 잔인한 일이다. 아이가 책임감 있는 성인이 되고, 진정 행복한 삶을 살기를 바란다면 꿈을 찾고 그것을 이루기 위한 직업을 찾도록 이끌어주는 진로 지도가 필수적이다.

학교에서 이 역할을 제대로 해내지 못하면 우리 사회는 엉뚱한 곳에서 헤매는 수많은 불행한 인간을 양산할 것이고, 진로를 제때에 제대로 찾지 못한 대가로 수많은 돈을 낭비해야 한다. 게다가 역량 있는 인재를 충분히 확보하기 어려운 탓에 국가의 미래조차 암울해진다. 그렇기에 사회적 책임의식을 가져야 할 훌륭한 고등학교라면 반드시 진로 지도에 심혈을 기울여야 한다.

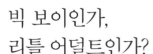

빅 보이인가,
리틀 어덜트인가?

　교육의 현장에서 학생들을 보면, 같은 나이에 비슷한 체격인데도 유독 어린아이처럼 구는 학생이 있는가 하면 또래보다 훨씬 성숙하게 행동하는 학생도 있다. 개인적 성격 차이도 있겠으나 부모의 양육 태도가 그 원인인 경우가 대부분이다.

　법적으로는 아직 온전한 어른이 되지 않았으나 겉으론 어른과 구별하기 힘들 만큼 성장한 자녀를 대할 때 부모는 크게 두 가지의 태도를 보인다. '몸집만 큰 아이(big boy)'로 대하던가, 아니면 '나이와 몸은 어리나 인격은 성숙한 어른(little adult)'으로 대한다. 이떤 태도로 대하든 자식을 사랑하는 부모의 마음이 나를 수는 없다. 그러나 그 깊고도 큰 사랑을 올바르게 표현하지 않으면 내 아이에게 온전히 전해지지 않을뿐더러 아이의 인격적 성숙에도 좋지 않은 영향을 미친다.

"아직 어린데 뭘 알겠어요. 엄마인 제가 결정해야죠."

"넌 어리니까 엄마가 하라는 대로 해."

이 말을 듣는 아이는 어떤 기분이 들까? 엄마가 나를 너무 사랑해서 아기처럼 대하며 섬세하게 이끌어준다고 생각할까, 아니면 자신의 의견은 묻지도 않은 채 독단적으로 결정하는 엄마가 야속하고 싫을까?

고등학생이 된 자녀에게 부모는 초등학생 때와 크게 다르지 않은 대우를 한다. 하루가 다르게 자라는 아이의 생각과 인격은 전혀 고려하지 않은 채 마냥 어린아이처럼 대하는 부모의 양육 태도가 아이의 성숙을 가로막는 것은 아닌지 돌아볼 필요가 있다. 아이는 아직 어린 외모를 가졌다 해도 이미 성숙한 인격체임을 잊지 말아야 한다.

성숙한 인격체로 존중하라

초등학교 시기에는 아직 아이의 자아

가 크지 않기 때문에 엄마의 독단적인 결정에 잘 따라 줄 수도 있다. 그러나 중학교 시기에 접어들면서부터 아이는 반항한다. 자아가 커지면서 본인의 고집이 세지기 때문이다. 이러한 고집, 반항 등이 심해지지 않게 하려면, 어린 시절부터 부모가 아이를 성숙한 인격체로 존중해주어야 한다. 항상 대화로 아이의 생각을 묻고 최대한 의견을 존중하며, 반대나 다른 제안을 할 경우엔 이해할 수 있도록 충분한 설명을 해주어야 한다. 그리고 스스로 선택한 만큼 책임도 자신의 몫이란 것을 일깨워주어, 모든 선택에 신중하도록 이끌어야 한다.

방학을 이용한 어학연수나 홈스테이 등으로 외국 아이들과 사귀어 본 경험이 있는 아이들은, 그 아이들이 너무나 어른스러웠다고 말한다. 방과 후 엄마가 짜 놓은 스케줄에 따라 이리저리 이동하기 바쁜 우리 아이들과 비교할 때, 그들은 자기 스케줄을 스스로 짜고 필요한 것을 엄마에게 요구하는 등 주체적으로 행동한다는 것이다.

도쿄대 교수인 아마노 이쿠오(天野郁夫)는 그의 저서 《교육 개혁의 방향》에서 이에 대해 정확히 지적했다. 미국의 교사들과 부모들의 청소년관은 '리틀 어덜트(little adult)'에 해당한다. 어린 외모를 하고 있지만 아이는 이미 성숙한 인격체라는 것이다. 반면에 일본 교사들과 부모들의 입장은 '빅 보이(big boy)'에 해당한다. 키도 크고 덩치도 어른만 하지만, 여전히 아무것도 모르는 어린아이로 보는 것이다. 어린아이의 인권과 인격에 대해 늦게 눈을 뜬 한국도 이와 크게 다르지 않다.

'빅 보이'로 자란 아이와 '리틀 어덜트'로 자란 아이는 성인이 된 후 인생을 헤쳐 나가는 모습에서도 뚜렷한 차이를 낳는다. 미국인은 18세를 독립의 나이로 본다. 그때부터는 부모의 경제적 지원이 끊기는 것을 당연하게 생각한다. 대학생이 되면 등록금은 자신이 해결해야 한다는 의식이 강하다. 부모에게 용돈을 한 푼도 받지 않는 대학생이 미국 전체 대학생의 70%에 육박하며, 74%의 대학생이 아르바이트를 하며 모자라는 학비를 보충한다. 또 전체 대학생의 65%가 정부로부터 학자금을 융자 받아 대학에 다닌다. 그래서 졸업 후에 직장을 잡으면 오랜 세월에 걸쳐 그 빚을 갚아 나간다.

이에 반해 우리는 어떤가. 대부분의 대학생들은 등록금을 전적으로 부모에 의존하고 있으며, 또 부모가 책임져야 마땅하다고 생각한다. 부모 역시 당연히 자신의 책임이라 생각한다. 심지어 자녀가 결혼할 때 혼수나 집을 장만하는 것도 부모의 책임으로 여긴다. 그렇게 우리 부모들은 평생 모은 돈을 몽땅 자식에게 쏟아붓고, 정작 자신은 노년이 되어 은퇴해도 계속 돈을 벌어야 한다. 은퇴 후의 여유로운 삶은커녕 호구지책에 쫓기며 산다.

부모가 자초한 일이라 누구를 탓하거나 원망할 수도 없다. 우리가 아이를 인격체로 대우하고 독립적인 인간으로 키워냈다면, 자식들 스스로 자신의 삶을 책임지며 살았을 것이다. 행동과 선택에 대한 책임은 물론이고, 경제적인 부분도 자신이 책임져야 한다는 생각이 강하게 자리 잡았을 것이다.

손을 놓아야 홀로 설 수 있다

오랜 세월 동안 전 세계적으로 정치, 경제, 문화, 예술 등 다양한 분야에서 막강한 영향력을 펼치고 있는 유대인은 그 비결로 자녀 교육을 꼽는다. 세계 인구의 약 0.2%에 불과한 소수민족이지만 역대 노벨상 수상자의 25%, 미국 노벨상 수상자의 50% 이상, 미국 억만장자의 약 40%가 유대인이다. 아담스미스, 스피노자, 아인슈타인, 쇼팽, 피카소, 록펠러, 찰리 채플린, 스티븐 스필버그, 하워드 슐처 등 이름만 대면 알만한 각 분야의 대가들이 유대인인 것은 그리 놀랄만한 일도 아니다.

유대인은 어릴 때부터 자녀에게 많은 것을 질문하고 토론함으로써 생각이 자라도록 이끌어준다. 이는 단지 창의력과 사고력을 키우기 위해서만은 아니다. 자녀를 성숙한 인격체로 이끄는 것이 부모의 책임이라 여기며, 몸의 나이와 무관하게 온전한 인격체로 대우하면서 '리틀 어덜트'로 키우는 것이다.

이러한 유대인의 철학이 잘 담긴, 자녀 교육의 정점은 단연 '바르미츠바(Bar Mitzvah)'라는 고유의 성인식이다. 유대인은 남자아이의 경우 만 13세, 여자아이는 만 12세가 되면 성인식을 해준다. 부모의 보호에서 벗어나 삶과 신앙에 있어서 책임 있는 성인으로 살라는 의미가 담긴, 매우 중요하고도 뜻깊은 의식이다.

종교적 의식을 마친 후에 즐거운 파티로 이어지는 당일의 행사도 의미 있지만, 1년에 걸친 준비 기간이 더욱 중요하다. 유대의 부모들은 미츠바를 위해 1년 전부터 자녀를 준비시킬 책임이 있다. 유대인의 역사와 함께한 토라, 탈무드를 중심으로 민족의 역사와 신앙, 그리고 책임감을 가르치며 유대인 사회의 독립된 성인으로서 살아갈 준비를 시키는 것이다.

엄숙한 종교적 행사 후엔 친지들과 함께하는 축하연이 열린다. 성인이 된 것을 진심으로 축하하며 축의금을 전하는데, 그 돈을 모두 모으면 중산층의 경우 4만~5만 달러(5,000~6,000만 원) 정도 된다고 한다. 이런 적지 않은 액수의 축의금을 받는 대신 아이는 친척들에게 그 돈을 어떻게 운용할지에 대한 계획을 발표해야 하는데, 이 또한 부모로부터 미리 금융교육을 받아 자녀 스스로 계획을 세운다. 부모는 미츠바에서 받은 축의금을 모두 아이의 통장에 넣어주며 스스로 운용하게 한다.

대학을 졸업할 즈음이면 그 돈은 창업의 종잣돈이 되기에 10년의 기간 동안 아이는 투자와 관련한 많은 공부와 경험을 하면서 자본금을 늘려 간다. 이런 조기 금융교육 덕분에 유대인은 돈의 힘을 일찍부터 깨닫는 것은 물론이고 창업에 대한 적극적인 구상과 도전에 주저함이 없다.

부모는 아이의 삶을 대신 살아줄 수도 없고, 그래서도 안 된다. 아이에게 자전거 타는 법을 가르칠 때 넘어질까 염려되어 손을 놓지 못한다면 아이는 평생 자전거 타는 법을 익히지 못한다. 삶도 마찬가지다. 내 아이를 사랑한다면 얼른 그 손을 놓아야 한다. 그래야 아이가 스스로 걷는 법을 배운다.

한국의 부모들이 아이에게 쏟는 정성은 너무나 지극하다. 하지만 그것은 사랑이 아니다. 헌신이라고 말하고 싶겠지만, 그도 아니다. 사랑과 헌신은 상대가 행복하도록 돕는 데 있다. 지금 많은 우리의 부모들은 그 정성으로 인해 아이를 오히려 불행하게 만들고 있다. 빅 보이인가, 리틀 어덜트인가? 우리의 선택이 아이의 평생을 좌우한다.

세계는 지금
교육 대수술 중

"19세기 교실에서 20세기 교사가 21세기 아이들을 가르친다!"

이처럼 우리나라 교육의 현실을 가장 잘 나타내는 표현이 또 있을까. 대한민국 교육의 현주소를 정확히 꼬집는 말임에도, 오랫동안 현장에서 아이들을 가르쳐온 교사의 한 사람으로서 불편하기 그지없는 표현이다. 그러나 발전과 변화를 위한 걸음은 겸허하고 냉철한 태도로 현실을 인정하고 바라보는 데서 시작되기에 오히려 반가운 비판이라 생각한다.

19세기 교실이란 것은 단지 물리적 공간만을 의미하지는 않는다. 우리나라는 오랫동안 교육 시스템과 프로그램 역시 시대의 요구와는 너무나 거리가 먼, 19세기의 것들을 유지하고 있다. 이는 모두가 금융, 쇼핑, 의료, 교통, 커뮤니티 등 다양한 영역에서 스마트폰으로 세상과 소통하며 정보를 주고받는데 홀로 유선 전화에 의존하며 시대에 한참 뒤떨어진 소통을 하는 것과 다를 바 없다. 더군다나 시대에 뒤떨어진 낡은 교육 시스템은 스마트폰과 유선 전화의 차이로는 비교할 수 없을 정로도 엄청난 국가적 격차를 만들어낼 것이 분명하기에 더더욱 염려스럽다.

개별 맞춤형 교육으로
미래 역량 준비

세계는 이미 4차 산업혁명 시대에 접어들었다. 굳이 전문가가 아니라도 많은 이들이 로봇, 인공지능, 빅데이터, 생명공학, 플랫폼, 사물인터넷 등 다양한 키워드로 미래사회를 예측한다. 그런데 인간의 능력을 뛰어넘는 인공지능의 등장이, 생명공학의 발달로 100년은 거뜬하게 살아낼 인간 평균수명의 증가가, 모든 것이 연결되는 초연결이 과연 우리의 삶을 어떻게 변화시킬지는 그 누구도 정확히 예측할 수 없다. 그래서 많은 전문가가 4차 산업혁명이 가져올 가장 큰 변화로 '불확실성'을 꼽는다.

4차 산업혁명의 시대에 우리 교육은 과연 미래사회가 필요로 하는 역량을 갖춘 인재를 키울 힘을 가지고 있는가? 어디로 튈지 모르는 예측 불가능한 사회에서 우리 아이들이 적극적·능동적으로 길을 찾을 수 있는 문제 해결력과 비판적 사고력, 창의력과 협업 등의 능력을 길러주고 있는가? 이러한 질문에 자신 있게 그렇노라 대답할 수 있다면 얼마나 좋을까마는 안타깝게도 우리 교육은 여전히 19세기 교실에 머물러 있는 것이 현실이다.

과거 우리 교육은 더 많은 양의 지식을 전달하고, 더 많이 습득하는 것을 최고의 목표이자 성과로 됐다. 그런데 이러한 주입식 교육의 문제는 기술이 발전하고 사회가 변화할수록 점점 더 그 한계를 드러냈고, 급기야 4차 산업혁명의 시대를 맞아 폐기되어야 할 교육 방식으로 지적받고 있다. 미래사회가 필요로 하는 인재의 역량은 과거의 교육 방식으로는 결코 채워질 수 없는 것들이기 때문이다.

이제 교육은 1 더하기 1은 2라는 정해진 공식이 아닌, 그 이상의 것을 가르쳐야 한다. 그래야 예측하기 힘든 불확실한 세상에서 우리 아이들이 길을 찾고 길을 만들어갈 수 있다.

해외에서는 이미 이러한 시대의 요구에 발맞춰 다양한 방식의 교육 시스템과 프로그램을 도입함으로써 교육의 혁신을 적극적으로 시도하고 있다. 다른 나라는 미래인재 양성을 위해 어떤 교

육을 실행하고 있는지 모범적인 성공 사례를 살피며, 우리가 나아
갈 방향을 모색해야 한다.

● 미국의 칸랩 스쿨(Khan Lab School)

2014년에 미국에서 설립된 칸랩 스쿨(Khan Lab School)은 무료
온라인 강의로 유명한 칸 아카데미(Khan academy) 플랫폼을 활용
하여 학생 개개인이 자신에게 맞는 맞춤형 학습을 하는 학교이다.
칸랩 스쿨은 무학년제로 운영되며, 학습 능력에 따라 다음 그룹으
로 이동하기도, 혹은 현재의 그룹에 그대로 머물기도 한다.

학생 스스로 자신의 학습 목표와 주간 일정을 계획하고 실행하
며, 교사는 조력자로서 학생들이 학습에 원활하게 임할 수 있도록
돕는 역할을 한다. 개인 맞춤형 온라인 학습과 사회 및 과학 분야
의 체험형 프로젝트로 구성된 교육과정을 수행하며 학생들은 자
기주도적 학습 능력의 함양은 물론이고 협업하고 소통하는 능력
도 함께 키운다.

칸랩 스쿨의 가장 큰 특징으로는 학습과 학교 운영 내용에 대
한 진단 및 점검을 6주마다 실시하고, 그 결과를 바탕으로 새로운
운영방식을 만들어간다는 점이다. 더 나은 교육 시스템을 위해 끊
임없이 변화를 추구한다는 점에서 미래사회의 특성이 교육에도
잘 반영되었다고 할 수 있다.

● 액톤 아카데미(Acton Academy)

어린이 비즈니스 스쿨인 액톤 아카데미에는 교사가 없고, 학습을 안내하는 역할을 맡은 몇 명의 어른 안내자만 있다. 학생들은 스스로 학습의 주제를 정해 온라인으로 학습하고 학습의 진도도 스스로 조정한다. 질문을 통해 사고하고 깨닫는 소크라테스식 학습을 통해 지식을 탐구하며, 개별 혹은 팀별 프로젝트 학습을 수행함으로써 서로 소통하고 공감하면서 문제를 해결하는 훈련을 한다.

● 혁신적인 대학 모델 미네르바 스쿨(Minerva School)

미국의 교육 스타트업인 미네르바 프로젝트가 설립한 미네르바 스쿨은 2014년에 29명의 신입생으로 첫 출발했다. 온라인 대학인 미네르바 스쿨은 캠퍼스 없이 온라인 플랫폼을 통해 모든 강의와 토의, 토론 등이 이루어진다. 그럼에도 하버드 대학교보다 더 높은 입시 경쟁을 자랑한다.

정해진 오프라인 캠퍼스가 없는 대신 학생들은 온라인 수업에 참여하는 것은 물론이고, 4년간 세계 7개국의 대표도시인 캘리포니아, 베를린, 부에노스아이레스, 서울, 방칼로르, 이스탄불, 런던에 있는 기숙사를 차례로 돌며 기업 인턴십과 다양한 프로젝트 등에 참여하는 현장 실습형 교육을 하게 된다.

온라인 수업 역시 교수의 지식 전달은 최소화하고 학생들이 쌍방향 커뮤니케이션을 통해 적극적으로 수업에 참여하며 비판적 사고와 상상력, 창의력, 원만한 상호교류, 문제 해결 능력 등 미래 인재에게 필요한 역량을 익혀간다. 강의 플랫폼의 프로그램을 통해 각각의 학생이 수업에 참여하는 정도가 표시되며, 교수 역시 혼자 5분 이상 말하면 경고 알람이 간다.

위의 여러 사례에서도 알 수 있듯이, 이제 세계 교육의 흐름은 획일화된 주입식 교육에서 벗어나 학생 개개인의 특성과 수준, 진로를 고려한 개별 맞춤형 교육으로 변화하고 있다. 이러한 세계적인 교육 시스템과 프로그램을 세심히 분석하여 장점을 적극적으로 도입하는 등 우리나라도 미래사회를 대비한 인재를 양성할 교육 시스템의 변화가 절실하다. 우리 아이들이 기술의 변화를 적극적으로 활용하는 능동적인 소비자이자 새로운 기술을 적극적으로 창조하는 생산자로서의 역량을 갖출 수 있도록 교육이 탄탄하게 뒷받침해주어야 한다. 그래야 불확실한 미래사회를 위기가 아닌 기회로 만들 수 있다.

우리 교육,
체제 변화가 시급하다

지난 70년간 한국은 전쟁으로 폐허가 된 나라를 재정비하고, 그야말로 무에서 유를 창조하는 기적을 선보였다. 불과 60년 전인 1960년대의 한국은 점심시간이 되면 학급에서 절반이 넘는 학생들이 부자나라가 나눠준 옥수수가루로 만든 빵으로 허기진 배를 채웠다. 그나마 집안 형편이 좋은 아이들은 도시락을 싸 오기도 했는데 그마저도 김치와 나물 한두 가지가 고작이었다. 게다가 이런 모습은 비단 시골만이 아니라 수도인 서울에서도 흔히 볼 수 있는 광경이었다.

번듯한 제품을 생산할 수 있는 최소한의 기술과 인프라조차 없었기에 당연한 듯이 그 출발점은 농업후진국이었다. 이후 무엇이든 만들어 수출해야만 가난에서 벗어날 수 있음을 강조하면서 정부는 가발, 섬유 등의 경공업을 일으켰고, 연이어 중화학공업에 도전했다. 덕분에 1955년에 100달러도 채 되지 않던 국민소득을 40년 만에 1만 달러로 끌어올리며 그야말로, '한강의 기적'을 일으킨 것이다.

이후 우리나라는 꾸준한 경제성장을 이뤄내며, 2020년 국내총생산(GDP) 1조 5,868억 달러로 세계 10위의 경제 대국이자 글로벌 수출 6위의 무역 강국으로 우뚝 섰다. 국제 원조로 겨우겨우 버텨내던 가난한 나라가 이제 다른 나라를 도울 정도로 부강해졌고, 음악, 영화, 드라마, 뷰티 등 다양한 분야에서 자타공인 '글로벌 리더국'으로 부상하고 있다.

이런 기적과도 같은 성장을 이끈 힘은 과연 어디에서 나온 것일까? 정치와 경제 등 각 분야의 우수한 리더들 덕분일까? 몇몇 뛰어난 이들의 힘만으론 처음 얼마간은 빠르게 성장할 수 있을는지 모르나 결코 전 세계가 인정하는 놀랄만한 성장을 이루긴 힘들다. 가난을 극복하려는 국민 모두의 공감과 노력, 오늘보다 더 나은 내일을 맞이하려는 열망과 도전 없이는 불가능한 일이다. 오늘의 대한민국은 우리 국민이 함께 이루어 낸 위대한 성과이다.

교육에도
제2의 기적을 일으켜야

근면 성실한 태도, 포기하지 않는 불굴의 의지와 함께 우리나라를 선진국으로 이끈 저력으로 단연 '교육'을 꼽을 수 있다. 해방 직후인 1940년대 후반에 우리나라는 12세 이상 국민의 78%가 자신의 이름조차 읽고 쓰지를 못하는, 세계에서 손꼽히는 문맹국이었다. 그런데 지금은 어떤가. 통계청의 발표에 따르면, 2021년 기준으로 대한민국의 문맹률은 대략 1% 정도라고 한다. 이는 OECD 국가 중에서도 매우 낮은 수준이다.

어디 그뿐인가. 해방 직후 얼마 지나지 않아 정부의 강력한 정책으로 초등교육 의무화가 실시되었고, 덕분에 1950년대 말에는 초등학교 진학률이 96%에 달했다. 이후 30~40년이 지나는 동안 우리나라는 대학 진학률이 85%까지 올라갔다. 문맹과 가난을 벗어나기 위한 교육을 넘어 꿈과 성공을 위한 교육으로 자리 잡은 것이다.

현재 우리나라는 초·중·고의 모든 과정을 무상으로 제공하며 공교육의 울타리에 넣었다. 초·중·고생들을 위한 국가 교육과정을 개발하여 이를 전국의 모든 학교에 공급하여 균등한 교육을 받을 수 있는 체제를 갖추었다. 이를 통해 돈이 있든 없든, 서울 중심가에 살든 오지의 산골 마을에 살든 모두가 교육의 혜택을 받을 수 있게 되었다. 또 지역이나 교사의 역량에 따른 교육의 불균형을 해소하기 위해 교육방송 등을 통해 전국 어디에서든 일정 수준의 교육서비스를 받을 수 있는 교육 인프라도 갖췄다.

자녀 교육에 대한 학부모의 열의는 또 어떠한가. 허리띠를 바짝 졸라매서라도, 투잡도 모자라 쓰리잡을 뛰어서라도 내 아이를 학원에 보내고 대학에 진학시키려 노력한다. 또 경제적 지원에만 그치는 것이 아니라 나름의 교육관으로 더 나은 교육에 대한 정보를 수집하고 이를 행동으로 옮기는 적극적 실행력도 갖추고 있다. 물론 교육의 방향이 잘못된 탓에 사교육 열풍이라는 심각한 부작용도 초래했으나 내 아이의 교육을 위한 부모의 순수한 열의만큼은 높이 사야 한다.

자녀 교육에 대한 학부모의 헌신과 열의, 그리고 정부의 강력한 의지가 없었다면 과연 우리나라가 이렇듯 빨리 선진국 대열에 합류할 수 있었겠는가. 국가 발전의 가장 큰 원동력이자, 우리나라를 선진국으로 이끄는 견인차가 된 것이 교육이었음을 그 누구도 부정할 수 없다.

물론 우리나라는 이제 겨우 선진국으로서의 첫걸음을 뗀 만큼 앞으로 나아가야 할 길이 멀다. 우리보다 일찍 선진국 대열에 들어선 32개의 국가와 어깨를 나란히 하고, 마침내 그들을 리드할 역량을 갖추기까지 한국은 지금보다 훨씬 더 노력해야 한다. 그리고 그 바탕에는 교육이 든든하게 자리해주어야 한다. 허허벌판과도 같았던 무에서 유를 창조한 기적을 보인 바탕에 교육이 있었듯, 이제 '글로벌 리더국'이라는 다음 단계로 도약하는 기적을 일으킬 힘도 바로 교육에 있다.

이렇듯 국가 발전에 큰 역할을 했던 교육이지만, 과학기술을 비롯한 모든 환경이 달라진 지금 냉철한 시각으로 우리의 교육을 다시 평가해볼 필요가 있다. 세상은 지금까지와는 전혀 다른, 새로운 혁신의 물결이 일고 있다. 이전까지 성장을 위한 속도 경쟁을 해왔다면, 이제 세상은 누가 더 새롭고 혁신적인 제품과 서비스를 만들어내는가를 경쟁하고 있다. 이에 기업을 비롯한 다양한 조직이 필요로 하는 인재상 역시 크게 달라졌다.

이러한 시대적 변화에도 불구하고 교육이 여전히 같은 방식과 품질을 고수한다면 더는 이전과 같은 성장과 성공을 기대할 수 없다. 그러니 교육을 바탕으로 미래인재를 양성하되, 지금까지와는 전혀 다른 방식의 선진교육이 뒷받침되어야 한다.

지금까지 우리 교육은 물리적 양의 확대에 집중한 변화와 발전을 해왔다. 특히 1995년 우리나라는 OECD 회원국의 자격을 갖추기 위해 갑자기 학급당 인원을 30명대로 줄이는 정책을 강행했다. 그런데 학급당 인원을 줄이는 것은 겉만 흉내 낸다고 될 일이 아니다.

수업방식의 변화를 동반해야 하며, 바람직한 교실 수업을 위해 교사 스스로 개선점을 찾는 노력이 전제되어야 한다. 그럼에도 정부는 줄어든 학급당 학생 수에 맞는 수업 방식에 대한 변화 없이 일단 학교를 많이 짓고 교실을 늘리고 교사를 충원하는 일부터 시행했다. 대학 진학과 관련하여 가장 시급하게 개선되어야 할 고교과정 또한 내용과 방식의 개선은 미뤄둔 채 여러 선진국가에서 시행하고 있는 고교 무상 교육부터 전면 시행하였다.

학부모들 또한 학교 교육으로도 모자라 학원, 심지어 개인과외까지 시켜가며 더 오랜 시간 공부시키려 한다. 대학에 진학한 후에도 대학원의 진학과 유학까지 최대한 많이 공부시키려 애쓴다. 물론 경제적 형편이 허락하고 아이의 열정이 따라준다는 전제가 따르겠으나, 마음만은 크게 다르지 않다.

이러한 교육의 양적 확대와 집착이 나쁘다고는 할 수 없으나 질적인 개선 없이 양만 늘리는 것은 더는 효력이 없다. '결핍'의 시대에 맞는 교육을 '풍요'의 시대에도 계속 적용하니 실제 교육을 경험하고 실천하는 학생과 학부모, 교사는 여전히 '내적' 결핍에 시달리게 된다. 선진국이 되기 위해 안간힘을 써야만 했던 교육 시스템과 교육 마인드는 이젠 버려야 한다. 이제는 명실공히 선진국 국민다운, 글로벌 미래인재의 양성을 위한 교육 시스템을 구축해 나가야 한다.

그렇다면 우리 교육이 이전처럼 국가 성장의 가장 강력하고 든든한 밑거름이 되기 위해선 어떻게 달라져야 할까?

● 패스트 팔로워가 아니라 퍼스트 무버를 기르자

후진국이나 개발도상국 수준에서 벗어나 이제는 선진국형 인재, 나아가 미래인재를 위한 교육 철학과 교육 시스템을 준비해야 한다. 지금껏 '패스트 팔로워(Fast Follower, 빠른 추격자)'를 길러내기 위해 만들었던 교육 시스템을 버리고 이제는 '퍼스트 무버(first mover, 선도자)'를 길러내는 창의적이고 학생 주도적인 교육이 가능한 시스템을 구축해야 한다.

● 교육의 내실을 다져 경쟁력을 갖추자

2021년 기준으로 우리나라는 이제 대입 응시생의 총합보다 모집 인원이 더 많아지는 현상과 마주했다. 산술적으로는 고등학교만 졸업하면 전국의 모든 입시생이 대학에 합격할 수 있게 되었다는 의미이고, 현실적으로는 수도권의 선호대학을 제외하고는 성적과 경쟁에 의한 대학 입시의 의미가 상실한다는 의미이다. 즉, 기초적인 고교 성취수준에 도달하지 못한 학생도 원하기만 하면 대학에 입학할 수 있게 되어 고교 교육, 대학 교육의 부실을 피할 수 없게 된다.

● 창조적 혁신으로 곱셈의 생산 역량을 키우자

2020년 기준으로 한국의 합계출산율(가임기간 15~49세의 여성 1명이 낳을 것으로 기대되는 평균 출생아 수)은 0.837명으로, 전 세계 198개국 중 가장 낮은 수치를 기록한다.

인구 감소는 생산인구 감소로 이어지기에 이는 우리나라의 큰 재앙 중 하나가 아닐 수 없다. 2040년부터 우리나라의 생산인구의 심각한 감소가 예견된다.

우리나라의 인구구조상 이 시기는 27만 명이 일해서 100만 명을 부양해야 하는 심각한 상황이 벌어진다. 기껏 고생해서 번 돈을 세금으로 내는 등 과도한 사회복지 비용을 부담해야 하는 상황이 벌어진 것이다. 이러한 문제를 해결하려면 교육을 통한 개개인의 역량 강화로 생산성을 혁신적으로 끌어올려야 한다. 창조적 혁신을 통해 덧셈의 생산이 아닌 곱셈의 생산이 이루어지도록 해야 한다.

이제 우리 교육은 혁신에 가까운, 근본적 체제 변화를 감행해야 한다. 이미 현실로 다가온 4차 산업혁명, AI, 빅데이터, 메타버스 등 첨단의 변화와 교육은 떼어 놓고 생각할 수 없다. 심지어 머지않은 미래에 세상은 인공지능과 인간이 하는 일이 분명하게 구분될 것이다.

이러한 혁신의 변화에 적응하고 나아가 세상을 움직이는 미래 인재를 키우기 위해 지금 당장 우리 교육은 근본적인 방향, 근본적인 체제 변화를 고민해야 한다.

1장. 이젠 교육의 품격을 높여라

K-교육에 대한 책임을
당당하게 물어라

전 세계인들이 코로나로 힘든 시기를 보내고 있는 2020년과 2021년, 한국인들에게 K-트렌드는 또 한 번 큰 자긍심을 심어주었다. 우리의 드라마가 전 세계를 휩쓸고, 아주 먼 미래에나 가능한 일일 것이라 여겼던 빌보드 차트에 우리의 노래가 오랫동안 머물고 있다. 많은 사람이 이러한 한류의 저력이 어디에서 나온 것인지 궁금해하고, 그 답으로 한국 문화의 급격한 진보를 꼽는다. 할리우드 수준의 드라마 감각을 지닌 많은 인재들의 탄생, 기술의 진보, 풍족해진 자본, 그리고 뛰어난 미모와 연기력을 지닌 배우들이 있었기에 가능했다고 한다. 물론 틀린 말은 아니다. 그러나 K-드라마와 K-팝의 열풍은 단순히 제작자들이 갖는 우수성과 독창성만으로는 설명이 부족하다.

한류를 만들어낸 진정한 1등 공신은 따로 있다. 바로 '소비자의 힘'이다. 드라마의 주 소비층은 30~50대의 중년여성들이고, 가요의 주 소비층은 10대 청소년들이다. 그리고 이 두 계층의 공통점은, 모두 입맛이 상당히 까다롭다는 것이다. 드라마와 가요가 넘쳐나는 시대이지만 엄마들은 보통 하루에 정말로 재미있는 한두 편을 빼고는 거의 보지 않는다. 단 10초만 지루해도 이들은 다른 동영상을 찾는다. 매 순간 웃음이든 눈물이든 둘 중 하나가 터지지 않으면 드라마는 내릴 준비를 해야 한다.

10대들 역시 웬만한 노래에는 꿈쩍도 하지 않는다. 우리나라 10대에게 인정받으려면 미국의 팝스타 이상의 것을 보여주어야 한다. 노래를 잘하는 것만이 아니라 세계인들과 소통할 수 있는 외국어 구사능력과 세계인들에게 호감을 줄 수 있는 무대 매너 역시 세계 수준이어야 한다. 그리고 자극적인 것보다는 그 내용에 있어서 진실성이 있으면서 의미 있는 메시지를 담을 수 있어야 한다. BTS는 가수이지만 UN 총회의 연설자로 초대될 만큼 이런 좋은 특성을 거의 다 지니고 있기에 세계인들의 눈과 귀를 사로잡을 수 있었다.

인터넷이 활발해지면서 한국의 주부들은 드라마를 일방적으로 수용하는 시청자에서 이제는 배우의 연기를 비평하고, 감독의 실수를 질타하고, 작가에게 내용의 수정을 요구할 수 있는 적극적 참여자로 바뀌었다. 또 10대들의 개인 홈피 및 게시판 댓글 문화 역시 좋아하는 연예인과 싫어하는 연예인을 더 극명하게 가르는 계기가 되었다. 이처럼 한류는 이 두 지독히도 까다로운 소비자들의 구미에 맞추기 위해 머리를 쥐어 짜낸 혹독한 경쟁에서 탄생한 히트 상품이다.

교육의 제1 소비자는 학부모이다

세계적인 대중음악, 드라마, 영화의 까다로운 소비자인 엄마들과 청소년들은 사실 우리나라 공교육의 소비자이기도 하다. 엄마와 청소년들은 어찌 보면 드라마나 가요보다도 더 치열한 교육의 제1 소비자이다. 만일 엄마들과 청소년들이 드라마와 가요에서처럼 교육에 대해 그렇게 따지고 요구하고 치밀했다면, 우리 학교는 지금 상당히 다른 모습을 하고 있을 것이다. 우리나라의 '학교가 그렇지 뭐!' 하면서 눈을 돌리고, 학원으로 과외로 발길을 돌린다. 만약 학교도 경쟁을 뚫고 살아남아야 한다면? 소비자의 선택을 받기 위해 노력해야 한다면? 그렇다면 학교도 당장 비상이 걸릴 것이다. 대책 회의를 마련해 이것저것 뜯어고치고 시정해야 할 것이다.

그 엄청난 K-문화를 만들어낸 엄마와 아이들인 만큼, 이들은 우리의 학교 교육을 획기적으로 변화시킬 힘이 분명히 있다고 믿는다. 공교육의 대안을 찾으려 자꾸 학원이나 외국으로만 눈 돌리지 말고, 책무성에 무감각해져 있는 '대한민국 공교육'을 향하여 이젠 그 책임을 당당하게 물어야 한다. 이제부터라도 학교 교육에 대해 쉽게 포기하지 말고 당당하게 고품질의 교육을 요구해야 한다. 우리나라 학부모에게는 그러한 권리가 분명히 있다.

우리는 공교육의 질을 높이기 위해 모든 국세에서 20.6%를 교육비로 쓰게 되어있다. 그리고 이 돈은 지방교육 재정 교부금이라 하여 전국의 교육청으로 보내지고, 그 돈으로 우리 아이들이 학교에서 교육을 받고 있다. 우리 학부모가 내는 세금으로 우리나라의 공교육이 움직여지기 때문에 우리는 자녀를 위한 고품질의 교육, 세계적 수준의 교육을 요구할 권리가 분명히 있는 것이다.

학교도 반드시 교육 소비자들의 요구에 귀를 기울이도록 하여야 한다. 모든 상품과 서비스가 소비자 위주로 변해 가고 있는데 유독 학교만은 공급자 위주로 남아 있다. 수요자인 학부모가 학교에 대해서 요구할 것은 양질의 수업, 고품질의 평가, 그리고 개별적인 학생지도이어야 한다.

우리의 부모들은 지금까지 무엇을 했는가. 적지 않은 부모들이 학교에 자기 아이의 이익만을 대변하거나, 혹은 학교를 포기하고 아예 사교육에만 기대왔다. K-문화를 세계의 문화로 만들어낸 주역인 우리 학부모들은 학교를 바꿀 수 있는 저력이 있다. 나는 우리 학생들과 학부모님들의 좋은 교육에 대한 열망에서 우리 교육의 희망을 본다.

물론 학부모의 열망과 저력이 우리 교육의 발전에 큰 힘으로 쓰이기 위해선 무엇보다 교육을 보다 넓고 크게 바라보는 시각을 가지고, 교육 자체에 대한 교양을 쌓아 나가야 한다. 학부모로서 내 아이의 성적이 어떠한지, 내 아이가 학교생활에 잘 적응하는지에 대한 관심을 갖는 것은 당연하지만 거기서 머물러서는 안 된다. '무엇이 학생들을 위한 좋은 교육인지?', '우리 아이 또래의 다른 나라 아이들은 어떤 교육을 받고 있는지?' 늘 관심을 가져야 한다. 내가 낸 세금이 학생들의 성장과 발전에 어떻게 쓰이고 있는지도 꼼꼼히 챙겨 봐야 한다.

학생들의 놀라운 학습 욕구를 단순한 시험 준비가 아닌 지식 생산자의 비전으로 바꾸고, 우리 부모가 지닌 높은 교육열을 자녀의 성적이 아닌 교육의 질 향상으로 방향을 바꾼다면 곧 세계인들이 부러워할 K-EDU의 세계가 열리게 될 것이라 확신한다.

2

K-세계인의
핵심 키워드
10C

K-세계인

과거, 현재 그리고 미래도
교육의 기본은 인성이다

가정과 학교는 단순히 공부를 넘어 교육이 이루어지는 곳이다. 교육이란 지식이나 기술, 지혜뿐만 아니라 인간으로서 갖춰야 할 기본적인 품성, 즉 인성까지를 모두 포함한다. 특히 인성은 아이가 올바른 품성과 가치관, 그리고 행동으로 자신을 완성해나갈 수 있도록 오랜 시간에 걸쳐 꾸준히 가르치고 이끌어야 할 중요한 역량이자 가치이다.

그런데 현실은 어떤가. 아이가 공부만 잘하면, 학교에서 큰 문제만 일으키지 않으면, 원하는 것은 무엇이든 해주고 눈감아 주려고 한다. 아이가 대학에 진학하기까지 공부와 성적이 최고의 목표이자 관심사이다. 때문에 적지 않은 부모들이 공부할 시간도 부족한데 방 청소할 시간이 어디 있느냐며 자진하여 아이의 손발이 되어주고, 운전기사 노릇도 자처한다. 그뿐만 아니다. 아이를 칭찬하고 혼내는 상벌의 기준도 오로지 '성적'이다. 성적만 좋아진다면 먹고 싶은 것, 갖고 싶은 것을 뭐든 다 사 주겠다고 선언한다. 성적만 좋으면 아이의 짜증과 심통도 무조건 받아 준다. 대신 성적이 떨어지면 용돈도 끊고 외출도 금지라고 엄포를 놓는다. 아이가 잘못된 행동을 할 때도 행여 공부를 등한시하게 될까 봐 따끔하게 혼내지 못하고 오히려 오냐오냐 받아 주며 비위만 맞춘다. 심지어 은연중에 혹은 노골적으로 '공부만 잘하면 다 괜찮다', '너는 공부만 신경 써라'라며 모든 문제를 덮거나 부모가 나서서 해결하며 아이에게 공부라는 면죄부를 준다.

학교라고 별다르지 않다. 적잖은 교사들이 성적이 좋은 아이에게 유난히 관대하다. 똑같이 교칙을 어겨도 우등생에게는 솜방망이 처벌을 하고, 열등생에게는 엄한 벌을 내리는 이중의 잣대를 들이댄다. 게다가 최근에는 학생 인권 조례라 하여 학생들이 원하는 대로 해주는 것이 존중하는 것이라는 생각이 만연해져 가고 있다. 학생들이 화장하고 염색을 해도, 이성 간의 스킨십을 해도, 수업 시간에 졸거나 자도 교사는 별달리 관심을 두지 않게 되었다. 학생 인권을 존중해야 한다는 이유에서다.

가정에서도 학교에서도 잘못에 관대해지는 데다가 성적 중심으로 옳고 그름을 평가하는 어른들 때문에 아이들 역시 '공부만 잘하면 된다'는 태도를 보인다. 거짓말을 하고, 남의 돈이나 물건을 훔치고, 우월감으로 남을 무시하는 등 잘못된 행동을 하면서도 '어쨌든 공부는 잘하니까 괜찮은 거 아니냐'는 식으로 행동한다.

인성이 흔들리면
모든 게 무너진다

공부는 하면 할수록 지적 성장과 함께 내적 성장이 이루어져야 하는데, 요즘 아이들의 공부는 지식만 키울 뿐 인격적 성장이 충분히 뒤따르지 못한다. 내적인 자기 성찰과 반성이 전혀 이루어지지 않기에, 공부는 그저 시험 점수일 뿐이다. 더군다나 공부만 잘하면 뭐든 상관없다는 '성적 만능주의'의 가치가 아이들 인성의 성장을 강하게 가로막고 있다.

2018년에 방송된 드라마 〈SKY 캐슬〉은 성적 만능주의에 매몰된 우리 사회의 민낯을 적나라하게 폭로하며 많은 사람들에게 공감을 샀다. 드라마 속 부모들은 자녀의 좋은 성적과 명문대 진학을 위해 편법은 물론 불법적인 행위도 서슴지 않는다. 아이들 또한 부모의 비뚤어진 욕망을 만족시키기 위해 아무렇지 않게 거짓

말을 하고, 친구와 동료를 밟고 그 위에 올라서야 한다는 가치관에 물들어간다.

이는 비단 드라마 속 가상의 이야기가 아니다. 내 아이가 우리 사회의 더 높은 곳으로 올라가야 한다는 부모의 그릇된 욕망은 배움에 대한 순수한 열망이 아니라 성적과 학벌에 대한 강한 집착으로 변질되었다. 게다가 시험 점수로 대학이 결정되고, 대학의 수준으로 사회적 지위가 결정되는 사회에서 아이들 또한 '공부'가 모든 것을 얻게 할 만능열쇠이자 모두의 머리 위로 올라갈 든든한 무기라 생각한다. 그 과정에서 올바른 윤리의식이나 기본적인 인성마저도 뒷전으로 밀어놓는, 그야말로 '성적 만능주의', '성적 지상주의'의 태도를 보이기도 한다.

이렇게 도덕과 인격이 제대로 자라지 않은 아이가 사회에 나가서 어떤 평가를 받게 될까. 다들 그렇게 살고 있으니 별다른 문제가 없을 것이라 여길지 모르나 우리가 명심해야 할 분명한 사실이 있다. 우리 사회에 갈수록 비도덕적인 사람들이 늘어난다고 하여, 그 행위가 너그럽게 용납되는 것은 아니라는 점이다. 오히려 일벌백계의 의미로 더 엄격한 도덕성이 요구되고, 심지어 과거의 잘못까지 소환하여 법적으로든 도덕적으로든 엄벌하자는 인식이 강하다.

특히 지식기반사회, 정보화 사회는 모든 정보가 투명하게 공개되는 만큼 오히려 더 엄격한 도덕 기준을 적용한다. 특히 사회 지도층, 엘리트층에 대한 도덕 기준은 가히 무서울 정도다. 조금이라도 도덕적인 흠이 잡히면 이 소식이 신문, 텔레비전, 인터넷을 통해 잠시의 틈도 없이 삽시간에 퍼져 나간다. 부와 명예의 정점에 있다가 단 하나의 도덕적 결함으로 인해 추락하는 사람들이 어디 한둘인가!

도덕을 바탕으로 한 인성교육의 효과는 너무나도 분명하게 나타난다. 인성이 제대로 갖추어지지 않으면 우리 아이들의 우수한 두뇌, 재능, 꿈, 도전 등은 아무 의미가 없다. 함께하는 동료를 인격적으로 무시하고, 남의 것을 함부로 훔치고, 자신의 이익을 위해 아무렇지 않게 거짓말을 한다면 박사가 되고 재벌이 되고 대통령이 되어도 추락을 피할 수 없다. 높은 탑을 쌓는 데는 많은 시간과 노력이 들지만, 공들여 쌓은 탑이 재가 되어 허물어지는 것은 한순간이다.

많은 대학과 기업, 그리고 전문가들이 미래인재가 반드시 갖춰야 할 역량으로 '인성'을 빼놓지 않는다. 이렇듯 미래인재의 대표적 역량 중 하나인 '인성'을 갖추기 위해 올바른 도덕성과 윤리의식을 갖는 것은 기본 중의 기본이 되었다. 이와 더불어 미래인재에게 꼭 필요한 것이 사람들과 잘 융화하며 시너지를 창출할 수 있는 사회적인 역량이다.

이러한 역량을 이루는 힘은 공감과 이해, 배려, 인류애와 같은 도덕 그 이상의 아름다운 품성에 있다. 게다가 이 모든 것은 하루 아침에 갖춰지는 것이 아니라 오랜 시간을 두고 습관처럼 몸에 배고 내 아이의 인성을 완성한다. 따라서 어릴 때부터 공부나 성적에 집중한 교육에서 벗어나 내 아이의 인성을 바르게 성장시켜 주는 것에도 꾸준한 노력을 기울여야 한다.

자녀의 인성을 바르게 갖게 해주는 첫걸음은 참고 견디는 힘을 길러 주는 것이다. '때'와 '장소'에 맞게 바른 태도를 갖추게 하고, 다른 사람을 배려하기 위해 기다릴 줄 알고, 필요할 때는 나설 수 있는 힘을 갖게 해주는 것이다. 우리 아이가 자신이 원하는 대로 되지 않을 때 속상해하는 것을 보면 안쓰럽기도 하고 마음이 불편해지기도 한다. 그러나 부모는 그것을 이겨내야 한다. 아이들이 부모 곁을 떠나 사회로 진출했을 때 닥치게 되는 현실은 냉혹하기 때문이다. 사회에 나가서 많은 사람을 만나면서 좋은 관계를 유지하고, 또 낙심하는 일이 많게 될 때 그것을 무던히 견디는 힘, 그리고 많은 사람과 좋은 관계를 유지하게 하는 힘은 인성이기 때문이다.

Communication 소통
잘 듣고, 잘 이해하며,
세상과 잘 소통하라

아무리 머릿속에 쌓아둔 것이 많다고 해도 꺼내어 표현하지 않으면 나의 지식과 생각은 세상에 그 어떤 영향도 끼칠 수 없다. 수업만 하더라도 선생님의 일방적인 지식 전달이 아닌 선생님과 학생, 학생과 학생이 적극적으로 커뮤니케이션을 하며 공부해야 서로의 생각과 지식이 어울리고 조화를 이루며 더 나은 것을 창조해낼 수 있다.

세상이 바뀌었고, 더는 일방적으로 전달하고 수용하는 방식의 수업이 효력을 발휘할 수 없다. 꿀 먹은 벙어리처럼 얌전히 앉아서 선생님의 가르침을 잘 받아적고 열심히 밑줄을 긋는 것으론 미래사회를 대비할 수 없다. 궁금한 것을 적극적으로 질문하고 자신의 의견을 논리적으로 설명하며 다른 이의 의견을 경청하면서 능동적으로 수업에 참여해야 한다.

학교에서의 커뮤니케이션 능력은 주로 지식과 지혜를 쌓는 데 활용된다면, 직장과 같은 사회에서의 커뮤니케이션 능력은 훨씬 더 광범위하게 활용된다. 그래서 기업은 인재가 갖춰야 할 역량으로 '커뮤니케이션 능력'을 빼놓지 않는다. 2021년 고용노동부가 국내 500대 기업을 대상으로 한 설문조사에서 신입사원 채용 시 면접에서 중요하게 평가하는 항목으로 직무 외적인 부분에서 '인성'과 더불어 '커뮤니케이션 능력'을 꼽았다. 효과적인 리더십, 원활한 소통, 더 나은 성과 창출, 나 개인은 물론 조직의 성장과 성공을 위해서도 커뮤니케이션 능력은 필수적이기 때문이다.

겸손과 침묵
더는 통하지 않는다

커뮤니케이션 역량은 한마디로 '의사소통 능력'이다. 즉, 나의 의견과 생각을 잘 표현하고 상대의 의견과 생각도 잘 알아들으면서 원활하게 소통하는 능력을 의미한다. 나의 의견과 생각을 잘 표현하기 위해서는 대화, 토론, 연설, 발표

등의 말하기 능력뿐만 아니라, 인터넷 시대의 새로운 통신 수단인 이메일, SNS 등의 다양한 디지털 매체를 통한 글쓰기 능력도 갖춰야 한다. 그리고 상대의 의견과 생각을 잘 알아듣기 위해서는 그가 말과 글을 통해 전하려는 메시지를 정확히 파악하고 이해하며, 열린 마음으로 원활하게 소통하는 능력을 갖춰야 한다.

커뮤니케이션 능력이 그 어느 때보다 더 중요해진 이유는, 글로벌 경쟁 사회에서 과거와 같은 겸손과 침묵은 더는 통하지 않기 때문이다. 이제 세상은 표현하는 인재를 원한다. 예전에는 조용히 입을 다물고 있는 사람을 '과묵하다', '겸손하다'라며 긍정적으로 평가했지만, 지금은 '표현할 만한 주장이나 콘텐츠가 없는 사람'이라는 부정적 평가를 피할 수 없다. 글로벌 경쟁 사회에서 침묵이란 '무지'를 뜻한다. 가치 있는 아이디어가 아무것도 없기에 침묵하는 것이므로 침묵 자체가 무능력이 된다.

커뮤니케이션이 중요한 또 한 가지 이유는, 이 능력을 통해 인맥 네트워크가 형성되기 때문이다. 대화를 잘하는 사람은 늘 주변에 사람이 넘친다. 대화하면 할수록 즐겁고 늘 배울 것이 있으며, 새로운 영감을 얻게 되는 사람이 네트워크의 중심이 된다. 디지털 기술의 발달로 말뿐만 아니라 글로 자신의 생각과 의견을 논리적이고 효과적으로 전달하는 사람들의 영향력이 커지고 있는 것도 이런 맥락이다. 이러한 인적 네트워크는 단순한 친목이나 정보교류를 넘어 이제 중요한 글로벌 경쟁력이 되었다.

이렇듯 커뮤니케이션은 자신의 능력과 장점, 아이디어 등을 표현해내는 수단일 뿐 아니라 인맥 형성, 리더십 등과 모두 연결되어 있기에 미래인재가 반드시 갖춰야 할 주요 역량 중 하나이다.

학교 교육이 글로벌 인재를 길러내는 기능을 하려면 앞으로 모든 교육 콘텐츠가 아이들로부터 말과 글 등의 표현을 유도해 내는 방향으로 바뀌어야 한다. 이를 위해서는 교사와 학생이 서로 말을 주고받으며 수업하는 '대화식 수업', 학생들이 서로 토론하며 답을 찾아가는 '토론식 수업' 등의 모델이 적극적으로 전개되어야 한다.

이미 많은 선진국가에서는 교육의 과정이나 평가에서 커뮤니케이션 역량에 큰 무게를 두고 있다. 우리의 수능에 해당하는 프랑스의 바깔로레아(Baccalaureate)나 독일의 아비투어(Abitur)에는 반드시 구술시험이 들어있다. 주어진 자료를 읽고 자신의 생각을 잘 정리하여 발표하거나, 고교 시절에 학습했던 내용을 자신의 표현 방식으로 얘기하게 하면 그 학생이 얼마나 깊이 있는 공부를 했는지 알 수 있기 때문이다. 더군다나 이러한 역량을 개인의 노력으로 미루어두지 않고 교육 안에서 적극적으로 이끌고 있다.

미국이나 캐나다, 호주 등의 교육 커리큘럼에서는 '말하기'를 무척 중요하게 다룬다. 우선 수업 분위기 자체가 자율식 토론으로 이루어진다. 선생님의 개입은 최소한으로 줄이고, 학생들끼리 토론하면서 주제를 펼쳐 나간다. 수업에서 부족한 것은 과제물로 남겨 발표하게 하는데, 발표는 또 다른 토론을 낳는다. 이처럼 아이들은 토론을 통해 다양한 시각과 사고하는 방식을 깨닫게 된다.

수업 시간에 토론에 얼마나 참여하고 질문을 얼마나 활발히 하느냐도 학생을 평가하는 중요 기준이 된다. 아무리 시험을 잘 치른다 해도 수업 시간에 구석에 앉아 입을 꾹 다물고 있는 학생은 좋은 평가를 받을 수 없다. 이러한 학습 분위기는 아이들에게 말하기를 장려하고, 말을 잘해야 좋은 평가를 받는다는 사실을 주지시킨다. 선생님 혼자 일방적으로 말하는 우리의 수업방식과는 확연히 다른 광경이다.

그렇다면 우리 교육은 학생들의 커뮤니케이션 능력을 키우기 위해 어떤 노력을 해야 할까? 아이들이 수업 시간에 자유롭게 말할 수 있도록 교사가 한 걸음 물러나 준다면 가능한 일일까? 부모가 아이의 재잘대는 이야기를 모두 들어주고 친구들과 나누는 잡담을 존중해준다면 가능한 일일까?

자기표현 능력으로서의 커뮤니케이션은 시시껄렁한 말장난, 말꼬리 잡고 늘어지기, 알맹이 없는 주절거림 등과는 구별되어야 한다. 텔레비전을 켜면 한시도 쉬지 않고 재잘거리는 사람들이 끊임없이 등장하고, 디지털 공간에도 매일 수없이 많은 활자 콘텐츠들이 쏟아져나온다. 하지만 이들 모두를 커뮤니케이션 능력이 뛰어난 사람이라 할 수는 없다. 말과 글로 표현되는 언어 안에는 자신만의 생각과 논리가 있어야 하고. 논리를 뒷받침할 만한 탄탄한 지식이 있어야 하며, 그것을 표현할 풍부한 어휘력도 있어야 한다. 글로벌 무대에서 원활한 소통을 위해 외국어 실력까지 갖춘다면 더할 나위 없이 좋다. 이 외에도 말하기의 경우엔 설득력 있는 목소리와 제스처, 그리고 말을 풀어가는 매너도 있어야 한다.

한편 커뮤니케이션이 일방적으로 나의 의사를 전달하는 것은 아니기에 타인의 생각과 의견을 잘 듣고 이해하며 공감하는 태도도 무척 중요하다. 그래야 적극적 상호작용으로 연결되어 생산성 있는 커뮤니케이션 결과를 낳을 수 있다.

이를 위해 필요한 것이 경청의 자세이다. 대화나 협상의 과정에서 어쩔 수 없이 예의로 그 사람의 이야기를 들어주는 것이 아닌, 진심으로 상대의 생각과 의견을 들으려 노력해야 한다. 설령 나와 생각이 다를지라도 그것을 틀린 것이 아닌 또 다른 새로운 아이디어와 견해로 받아들이는 열린 마음이 필요하다.

이렇듯 커뮤니케이션 능력은 단순히 말을 많이 할 수 있는 환경을 만들어 준다고 해서 키워지는 것이 아니다. 오랜 시간 생활 속에서, 교육 속에서 꾸준히 이끌어주어야 한다. 지식을 가르치되 그것을 바탕으로 자신의 견해를 만드는 사고력과 비판력을 함께 길러주어야 하고, 생각을 표현하는 기회를 많이 만들어 주되 그 안에 논리력과 어휘력, 표현력을 담을 수 있도록 이끌어주어야 한다. 처음부터 말솜씨나 글솜씨를 타고나는 사람은 없다. 말하기와 글쓰기 등의 표현 능력은 타고나는 것이 아니라 사고력 훈련과 마찬가지로 지속적 훈련을 통해 길러지는 것이다.

예컨대 말 잘하는 아이를 보면 주위에 아이의 말을 열심히 들어 주는 부모가 있거나, 형제가 많아 대화를 많이 하거나, 독서량이 풍부하고 다양해서 배경지식이 많은 등 나름의 이유가 반드시 있다. 특히 아이와 대화하며 부모가 경청의 태도를 보인 경우에는 아이 또한 타인의 이야기를 들을 때 자연스럽게 경청의 태도를 실천한다. 그러니 학교는 물론이고 가정에서도 우리 아이들이 바람직한 커뮤니케이션 태도와 기술을 익히도록 훈련하고, 그 안의 알맹이가 될 지식과 사고력, 논리력, 비판력, 어휘력, 표현력 등의 능력을 꾸준히 함양할 수 있도록 적극적으로 환경을 조성해주어야 한다.

Convergence 융합

전혀 어울리지 않을 것끼리
묶어 보자

까똑! 까똑! 하루에도 수없이 핸드폰에서 나는 소리다. 무음이나 진동으로 하지 않는다면 아마 이 소리로 우리가 사는 공간은 다 채워질 것이다. 카카오톡 이용자 수는 이미 네이버를 누르고 1위에 등극하였고, 2020년 2분기 카카오톡 월간 활성 이용자 수(MAU)가 4,662만 명을 기록했다. 이는 우리나라 인구와 비슷한 숫자이니 대한민국 국민은 카카오톡 세상에 살고 있다고 해도 과언이 아니다.

단순히 무료로 문자메시지를 보낼 수 있는 앱 정도로 생각했던 카카오는 어느덧 국내는 물론이고 전 세계 어디에 있는 지인과도 서로의 소식을 전하는 우리나라 최고의 메신저가 되었다. 게다가 2021년에 이르러 카카오는 기업의 경제적 규모와 영향력을 나타내는 시총에서 삼성전자, SK 하이닉스에 이어 3위를 차지하며 마침내 공룡 수준의 초거대 기업으로 발전했다. 2010년 9월에 카카오란 이름을 내걸었으니 불과 10년 만에 엄청난 성장을 이룬 것이다.

카카오의 놀라운 성장의 배경에는 전혀 어울리지 않을 것끼리 묶는, '융합'의 아이디어가 있었다. 문자메시지 무료제공을 통해 이용자 확보에 성공한 카카오는 게임, 금융, 교통, 쇼핑 등 문자메시지 전송과는 관련이 먼 분야까지 융합하며 우리의 일상으로 깊게 파고들었다.

평소 카카오톡을 통해 안부와 소식을 전하는 이들에게 생일이나 명절과 같은 특별한 날을 맞아 감사와 정성을 표현하고 싶을 때 작게나마 선물을 보내고 싶어진다. 이런 소비자의 니즈에 주목하며 카카오는 문자메시지와 선물의 기능을 연결했다. 메시지 보내기와 선물하기를 할 때 각각 다른 앱이나 쇼핑몰을 이용해야 하는 번거로움을 줄였을 뿐만 아니라, 이를 통해 사람들이 애정과 감사의 마음을 더욱 적극적으로 주고받을 수 있게 했다. 이후로도 카카오는 계속 휴대전화에 게임, 금융, 교통 등 다양한 분야와 첨단 기술을 융합하며 새로운 서비스들을 선보였다.

융합이 상상을
현실로 만든다

카카오의 사례에서처럼 컨버전스 (Convergence)는 하나의 기기나 서비스에 모든 정보통신기술과 다른 분야의 첨단 기술이 융합되는 현상을 말한다. 기본적인 통화 기능뿐 아니라 인터넷, 디지털카메라, 방송, 금융, 교통서비스와 같은 다양한 영역에서의 서비스 기능까지 갖춘 휴대전화가 대표적인 예이다. 4차 산업혁명의 시대가 되면서 각 분야의 기술들이 기하급수적으로 발전하는데, 전문가들은 이 기술들이 서로 융합하며 사회의 변화를 더욱 가속화할 것을 예측한다. 따라서 컨버전스는 단순한 기술 간 융합이 아니라 급격하게 변화할 미래사회를 예견할 수 있는 가장 중요한 키워드이다.

명절 때만 되면 어김없이 맞게 되는 교통체증에 우리는 조상을 향한 도리와 현실의 불편함 사이에서 늘 스트레스를 받았다. 매번 같은 문제로 스트레스에 시달리면서도 이렇다 할 방안을 찾거나 만들지 못하고 그저 '교통체증 없이 빨리 고향에 갈 수 있으면 좋겠다'라는 막연한 바람과 상상만 품었다. 그런데 누군가는 이것을 상상과 바람에만 머물지 않고 현실로 구현해내고 있다. 융합기술의 천재인 일론 머스크는 교통수단의 새 기술을 선보였다. 그는 2013년부터 자기부상 원리를 이용해 진공관 튜브 안을

1,200Km/h 속도로 이동하는 초고속 교통수단인 '하이퍼루프'라는 백서를 작성했다. 그리고 현재 10여 개의 대형 하이퍼루브원 프로젝트 개발을 진행하고 있다. 실제 이것이 현실로 구현될 경우, 서울에서 부산까지 대략 20분이면 이동이 가능하니 더는 명절 고향행에 교통체증으로 스트레스를 받을 일이 없을 것이다.

그동안 과학기술의 발전은 분업화와 전문화라는 이름으로 어떤 한 분야에 대한 첨단 기술들이 타 분야와의 대화 없이 직선적으로 진행되었다. 그런데 4차 산업혁명 시대에는 인간의 본성, 환경의 보존, 여유 있고 행복한 삶이라는 가치 실현을 중심으로 다시 연합전선을 세워 우리의 삶을 획기적으로 바꾸어가고 있다.

한편 교육에서도 통합과 융합은 매우 중요하다. 최근 몇 년간 초·중·고등학교에 프로젝트 학습이 활성화되고 있다. 프로젝트 학습이란, 학생들이 팀을 구성해서 스스로 학습의 주제를 선정하고 계획을 세워 다양한 방법으로 학습한 뒤 그 결과를 발표하거나 실천하는 학습활동이다. 교사가 일방적으로 지식을 전달하는 기존의 수업과 달리 프로젝트 학습은 학생 스스로가 학습의 주체가 되어 능동적으로 학습한다는 장점이 있다. 그리고 이 과정에서 상호협력하는 태도, 스스로 모든 것을 해결해가는 주체의식, 그리고 과제를 해결하는 과정에서 창의력, 사고력, 탐구력 등의 역량도 키우게 된다.

다른 영역도 그러하겠지만 특히 과학 분야의 프로젝트 학습은 특정 아이디어나 소재 등을 기술과 융합함으로써 전혀 다른 새로운 것을 창조해내는 기쁨을 맛볼 수 있다. 물론 교육에서 융합은 특정 영역에 국한되지 않고 다양한 영역의 학문과 경험, 기술 등을 결합하는, 광의의 개념으로 이해하며 더욱 다양한 시도가 이루어지도록 이끌어야 한다.

AI가 중심이 되어 펼쳐지는 4차 산업혁명 시대를 대비할 교육으로 많이 언급되는 것이 'S·T·E·A·M'이다. 과학(Scienc), 기술(Technology), 공학(Engineerin), 예술(Art), 수학(Mathematic)이 각 분야의 지식만을 고집하지 않고 서로 연결하고 융합함으로써 인류의 삶을 더 나은 방향으로 이끌 수 있는 교육을 하자는 것이다.

이제 '융합'은 상상이나 바람에만 머물지 않고 하나둘 현실에서 구현되며 일상으로 스며들고 있다. AI의 기술, 생명공학을 중심으로 한 나노과학, 유통업, 운송업 등 첨단 기술의 발 빠른 융합이 상상을 현실로 끌어당기고 있다.

기성세대인 학부모들에게 인공지능, 로봇공학, 블록체인, 가상현실 등의 개념은 여전히 어색하다. 그렇다고 모른 척 외면할 수도 없다. 우리가 알든 모르든, 지금도 이러한 첨단의 기술들이 서로 융합하여 상상만 했던 미래사회가 하나하나 현실로 구현되고 있다. 게다가 이러한 산입과 기술의 발전은 우리의 삶을 더 풍요롭게 만들고 있기에 이미 피할 수 없는 미래가 되었다. 따라서 내 아이를 미래역량을 갖춘 K-세계인으로 성장시키기 위해선 학부모 또한 이러한 변화에 관심을 가져야 한다.

Critical Thinking 비판적 사고

끊임없이 '왜?'를 묻고
비판적으로 생각하라

영화 〈죽은 시인의 사회〉에는 키팅 선생이 학생들에게 교과서의 일부분을 갈기갈기 찢게 만드는 유명한 장면이 나온다.

"찢어 버려라. 몽땅 찢어 버려라! 이건 다 옛날 지식이다. 다 찢어서 버려라. 아무것도 남기지 말아라!!"

키팅은 중요도와 완성도 등 특정 기준으로 시의 가치를 평가하는 교과서의 내용이 틀렸다며 각자의 느낌과 판단으로 시를 바라볼 것을 주문한다.

영화의 또 다른 명장면으로, 키팅이 수업 시간에 아이들을 밖으로 데리고 나가 외치는 장면이 있다. 줄을 지어 단체 행군을 하듯 로봇처럼 걷는 학생들에게 키팅은 일부러 불규칙한 박자를 붙여 스텝을 흐트러트린다.

"마음대로 걸어라. 다르게 걸어라! 지금 당장 자신만의 걸음걸이를 찾아라. 비뚤게 걸어도 좋고, 다리를 떨어도 좋다. 거만하게 걸어도 좋고, 우스꽝스럽게 걸어도 좋다. 여기 이 마당은 너희들의 것이다!"

키팅이 학생들에게 가르치려던 것은 무엇일까? 주어진 것을 그대로 받아들이기보다는 "왜?"라는 질문을 먼저 해보라는 것이다. 교과서가 던져주는 지식을 수동적이고 기계적으로 꿀꺽꿀꺽 삼킬 것이 아니라 "왜?"라는 비판적 사고로 찬찬히 되새김질하며 자신만의 것을 만들어가라는 것이다.

10인 10색, 다르게 생각하라

영화 〈죽은 시인의 사회〉의 배경이 된 1950년대 미국의 사립고등학교는 명문대 진학을 목표로 천편일률적 주입식 암기식 학습의 강행, 시험성적에 근거한 줄 세우기식의 평가와 과도한 학습량 등 마치 우리나라의 중·고등학교를 그대로 옮겨놓은 듯한 모습이다. 이 영화가 전 세계 어느 나라보다 우리나라에서 유독 큰 공감과 찬사를 받는 이유도 여기에 있다.

영화 속 키팅의 신념처럼 교육은 틀에 박힌 지식의 전달이 아닌 각자의 개성을, 창조적 사고를 키워 주어야 한다. 아이들에게 기존의 잘 정돈된 지식을 무조건 쌓게 하는 것이 아닌 '왜 그런가?'에 대한 의문을 갖게 해야 한다. 의문이 의문으로만 끝나지 않고 스스로 탐구하고 깨우치도록 이끌어주어야 한다. 의문에 대해 불편했던 느낌이 사라질 만큼 탐구하여 진정 이해하고 깨우치게 되었을 때 그 지식은 비로소 내 것이 되고, 그것을 바탕으로 새로운 것을 창조해낼 수 있기 때문이다.

'나는 생각한다, 그러므로 존재한다.'라는 유명한 명제를 남긴 데카르트는 시각, 청각, 후각, 촉각 등 감각으로 느끼는 모든 것을 의심했다. 그리고 감각으로 알 수 있는 것에 한계가 있음을 발견하게 되었다. 사람은 저마다의 감각 능력에 차이가 있고, 경험할 수 있는 시간과 공간의 제약과 차이도 분명하기에 나의 감각으로 알게 된 것을 절대적이라고 할 수 없다는 것이다.

내가 직접 보고 들은 것도 이렇듯 의심하고 다른 시각으로 바라보아야 진실에 근접할 수 있는데 하물며 남들이 "그렇다"라고 정의해둔 것을 아무런 의문이나 비판 없이 수동적으로 수용한다는 것은 데카르트가 말한 나 자신의 '생각'과 '존재'를 아예 부정하는 것과 다를 바 없다.

지금 우리는 눈과 귀를 자극하고 만족시켜주는 무수히 많은 정보 속에 살고 있다. 당연한 사실이라 여겨지는 수많은 뉴스 보도 안에도 진실과 다른 것, 또는 왜곡된 것이 많고, SNS 채널이나 포털 플랫폼, 동영상 플랫폼 등을 통해 생산되는 수많은 콘텐츠 안에도 진실과 거짓이 버젓이 존재한다. 그리고 설령 진실이라 할지라도 내용 전달의 퀄리티에 옥석이 갈린다. 어디 그뿐인가. 가상현실, 증강현실, 메타버스 등 현재 있지도 않은 가상의 세계조차 우리에게 실제로 존재하는 것처럼 우리의 감각 기관 앞에 버젓이 보이기도 한다. 이렇듯 매일 쉴 새 없이 쏟아지는 정보와 지식을 모두가 아무런 여과 없이, 비판 없이 수용한다면 AI와 무엇이 다를까.

우리는 하루에도 수십, 수백 번 선택의 상황에 놓이는데, 결국 내가 가진 지식과 정보, 경험과 가치관 등에 근거하여 판단과 결정을 내린다. 그런데 내게 차곡차곡 쌓아두었던 지식과 정보가 비판적 사고 없이 무작정 수용된 것이라면 내가 내린 판단이 과연 올바른 것이라고 할 수 있을까? 전혀 득이 되지 않는, 심지어 해가 되는 판단을 할 수도 있다.

설령 진실에 가까운 지식과 정보라고 하더라도 그것에 근거한 판단이 너나없이 같은 결과물을 내놓는다면 '나'의 존재 가치는 과연 무엇으로 증명할 수 있을까? AI와 같은 기계가 더 빠르고 정확하게 기존의 것들을 복사해내는 능력이 있다면, 인간은 10인 10색의 창조물을 만들며 더 나은 세상을 만들어가야 한다. 이를 위해 필요한 것이 다르게 생각하는 힘, 즉 '비판적 사고(Critical Thinking)'이다.

작가이자 대학교수인 유발 하라리(Yuval Harari)는 그의 저서 《21세기를 위한 21가지 제언(21 Lessons for the 21st Century)》에서 급변하는 미래를 대비해 인간이 반드시 배워야 하는 4가지 기술 중 하나로 '비판적 사고(Critical Thinking)'를 꼽았다. 미래에는 AI가 많은 영역에서 인간보다 더 우수한 능력을 갖게 될지도 모르는데, 이런 AI에 잠식되지 않고 인간이 주도권을 가지려면 의사소통(Communication), 협력(Collaboration), 창의력(Creativity)과 더불어 비판적 사고의 능력이 매우 중요하다고 강조한다.

그렇다면 과연 우리의 교육은 학생들의 비판적 사고능력을 기르기 위해 무슨 노력을 하고 있는가? 귀찮은 정도로 "왜?"를 묻게 하고 있는가. 아니면 "왜?"라고 묻는 학생에게 너무 쉽게 답을 던져주고 "외워!"를 강요하며, 비판적 사고의 출발을 가로막는 것은 아닌가. 마치 두더지 게임을 하듯, "왜?"라는 질문으로 다른 생각을 하고 다른 답을 찾으며 튀어 오르는 모든 것을 망치로 때려 밀어 넣는 것이 우리의 학교가 아닌가 반성해보아야 한다.

비판적 사고는 단순히 남의 지식이니 주장에 반대를 위한 반대를 하며 딴지를 거는 것이 아니다. "왜?"라는 질문을 통해 사실을 더 깊이 이해함으로써 상대의 지식이나 주장에 진심으로 고개를 끄덕일 수도 있고, 다른 시각을 제안하며 지식의 완성도를 높이고 전혀 다른 창조적 결과물을 찾아낼 수도 있다. 그래서 교육은 학생들이 기존의 잘 정돈된 지식을 아무런 비판 없이 수용하기보다는 "왜?"라는 질문을 통해 더욱 깊숙이 접근하고 이해하며, 나아가 자신만의 생각을 만들어가도록 이끌어주어야 한다. 영화〈죽은 시인의 사회〉에서 키팅 선생이 학생들에게 바랐던 "과감하게 부딪혀 새로운 세계를 쓰라"던 주문 또한 당연하다 여겨지는 것에 "왜?"라는 질문을 던지는 것으로부터 실행될 것이다.

Coding 코딩

코딩, 4차 산업혁명 시대의 필수 언어다

우리나라에서 초·중·고등학교의 12년 동안 국어, 영어, 수학, 과학, 사회, 예체능을 필수 교과처럼 꾸준히 교육하는 것은 단지 상급학교 진학을 위해서만은 아니다. 이 여섯 영역의 교과들이 사회에서의 의사소통, 합리적인 사고, 경제생활에 필요한 수리적 능력, 문화적인 삶 등 실제 삶에서 필요한 지식과 기능을 제공하기 때문에 12년이란 긴 기간에 걸쳐 꾸준히 교육하는 것이다.

우리 삶에 꼭 필요한 학문은 사회의 변화에 따라 달라지기도 하는데, 최근 새롭게 추가된 분야가 '코딩'이다. 현재 우리는 컴퓨터 없이는 살 수 없는 시대에 살고 있다. 인간의 이성적 존재로서의 특징을 강조한 것이 호모사피엔스라고 한다면, 현재의 우리는 '호모컴퓨터네스'라고 불러야 할 만큼 매 순간 컴퓨터와 연결된 삶을 살고 있다. 실제로 컴퓨터의 기능을 거의 다 가진 스마트폰을 떠나서는 한시도 살 수 없는 새로운 세대를 빗대어 '포노 사피엔스'라는 말을 사용하고 있기도 하다.

코딩(coding)이란 컴퓨터가 알아들을 수 있는 컴퓨터 언어를 만드는 것이다. 떼려야 뗄 수 없는 관계가 된 컴퓨터를 생활에 유용한 도구로 활용하는 것을 넘어 컴퓨터와 의사소통을 하며 직접 명령하는 것이다. 이미 미국을 비롯한 유럽의 선진국들은 일찍부터 코딩을 학교 교육과정에 필수적으로 넣어 교육하고 있다. 우리나라는 2015년부터 정식 교육과정에 포함하여 초등학교와 중학교 수업에서 코딩교육을 진행하고 있지만, 2022 개정 교육과정에서는 초등학교와 중학교의 정보 시간을 더욱 확대하였고, 고교에서는 선택으로 되어있던 정보 교과가 필수로 바뀌는 등 미래 사회를 변화에 대비하고 있다.

국·영·수만큼
중요한 컴퓨터 언어다

내 아이가 다가올 미래 세상에서 마음

껏 기량을 펼칠 수 있게 하려면 체계적인 코딩교육을 통해서 합리적으로 사고하고, 자신이 구현하고 싶은 내용을 컴퓨터 언어로 정확하게 명령할 수 있도록 이끌어주어야 한다. 즉, 컴퓨터가 갖는 기능과 속성으로 컴퓨터와 소통하면서 우리의 삶이 여유롭고 풍요로워지는 데 활용할 수 있도록 이끄는 것이 부모의 중요한 책임 중 하나가 되었다.

이제 코딩은 특정 직업군에게만 필요한 기술이 아니다. 아이들이 주인공이 되어 살아갈 미래에는 컴퓨터의 프로그램이나 스마트폰의 앱을 수동적으로 이용하는 것에 그치지 않고 컴퓨터와 대화하면서 프로그램이나 앱을 스스로 만들어 활용하게 될 것이다. 컴퓨터나 스마트폰의 단순한 사용자가 아니라 컴퓨터가 갖는 속성과 기능을 최대한 이해하여 명령을 내리고 컴퓨터와 스마트폰을 부릴 수 있는 능력을 갖추게 되는 것이다.

4차 산업혁명 시대의 대표적인 특징 중 하나가 AI 기술의 발달로 세상이 훨씬 더 편리해진다는 점이다. 이런 거대한 변화를 일으킬 수 있는 역량의 출발이 바로 코딩교육이다. 이제 학교는 학생들이 국어, 영어, 수학을 공부하듯이 필수 교과로 코딩을 공부하며, 프로그래밍 언어를 익히고 컴퓨터와의 의사소통 능력을 갖출 수 있도록 교육해나가야 한다. 그리고 이러한 코딩 기술을 다양한 영역에 접목해 로봇이나 모바일 플랫폼 서비스를 개발할 수 있는 능력을 갖추도록 이끌어주어야 한다.

이미 플랫폼은 그 위력을 강력하게 드러내고 있다. 구글, 애플, 페이스북, 아마존 등 내로라하는 글로벌 기업들 역시 플랫폼 서비스를 기반으로 성장한 기업들이다. 이제 코앞으로 다가온 아이들의 미래에는 더욱 다양한 서비스를 제공하는 플랫폼 기업이 등장할 것이다. 그 시작은 인간에 대한 깊은 이해에서 비롯되는 따뜻하고 창의적인 아이디어, 그리고 그것을 현실로 구현해내는 가장 중요한 도구가 될 코딩이다.

사람들이 무엇을 불편해하는지, 무엇을 원하는지 등의 니즈를 발견하고 이를 코딩 기술을 통해 컴퓨터 프로그램이나 앱을 개발한다면 사람들의 시간과 수고를 절약하게 하고, 삶을 더 편리하고 행복하게 해줄 수 있다. 차량을 가진 사람과 차량을 이용하려는 사람을 스마트폰 버튼 하나로 연결하는 아이디어, 여행자에게 비어 있는 방이나 집을 숙소로 활용할 수 있도록 연결하는 아이디어 등 세계적 플랫폼 기업들이 제공하는 서비스들 역시 우리가 일상에서 느끼는 니즈를 코딩으로 구현해낸 것들이다.

한국은 세계 그 어느 국가보다도 플랫폼 서비스를 비롯한 IT 산업이 활성화될 수 있는 최고의 인프라가 구축되어 있다. 한국은 세계 최강의 인터넷 강국이며 속도 또한 세계 최고를 자랑한다. 모두가 부러워하는 엄청난 디지털 인프라를 두고도 우리 아이들이 게임이나 맛집 검색, SNS로 잡담이나 하는 수준에 머물게 해서는 안 된다. 아이들이 그들의 아이디어를 적극적으로 현실에서 구현할 수 있도록 이끌고, 이를 통해 세계를 무대로 더 큰 꿈을 꿀 수 있도록 응원해 주어야 한다.

더군다나 코딩교육은 컴퓨터 언어를 이해하고 프로그래밍 능력을 키우는 것에만 제한되지 않는다. 코딩은 일상의 다양한 영역에서 우리에게 주어진 문제를 해결할 때 어떤 것에 주목하고 어떤 방식으로 접근하여 해결할 것인지에 대해 논리적이고 합리적인 사고를 하는 힘을 키워 준다. 또 시인이나 소설가, 작곡가들이 창작을 통해 큰 성취감을 얻게 되는 것처럼 코딩 또한 무에서 창조한 결과물을 통해 얻는 성취감이 무척 크기에 동기 부여에도 큰 도움이 된다.

이런 이유로 굳이 직접 컴퓨터를 프로그래밍하지 않더라도 코딩을 하는 과정에서 자연스럽게 습득되는 문제 해결 능력 또한 미래 인재에게 필수 역량인 만큼 이제 코딩은 국·영·수만큼이나 중요하고 필수 과목이 되었다.

부모 세대에서는 컴퓨터와 관련한 특정 직업군을 제외하곤 대부분 코딩을 접할 기회가 없었다. 우리가 모른다고 하여, 직접 필요한 것이 아니라고 하여 무관심해서는 안 된다. 머지않은 미래 세상에서 코딩은 국어, 영어, 수학과 같이 당연히 알아야 할 지식

과 기술이 된 만큼 부모의 관심과 이해가 필요하다. 그래야 아이
가 코딩과 관련한 생각을 이야기할 때 이해할 수 있고, 나름의 의
견과 방향을 제시해 줄 수도 있다.

Collaboration 협력
혼자 할 수 있다는
생각을 버려라

근면 성실함이 최고의 자질로 꼽히던 때가 있었다. 능력이 조금 부족해도 개미와 같은 성실함만 있다면 충분히 만회할 수 있었기 때문이다. 그런데 언제부턴가 "열심히 하겠습니다!"라는 말에 "열심히 하는 것도 좋지만 잘 해야 해!"라는 요구가 덧붙기 시작했다. 근면 성실함만으론 채워질 수 없는 영역이 분명하게 드러났기 때문이다.

공부도 마찬가지다. 머리가 아닌 엉덩이의 힘으로 공부한다는 말이 있을 만큼 우직함과 성실함이 최고의 역량일 때가 있었다. 차곡차곡 성실하게 쌓아둔 지식이 시험에서 좋은 성석을 받게 해주고, 대학과 직장의 수준까지 결정해 주었다. 그래서 학교는 물론 가정에서조차 내 아이를 친구들과 비교하며 더 빨리 가고, 더 앞서가라고 종용했다.

이제는 세상이 바뀌었고, 이전과는 전혀 다른 방식의 경쟁이 진행되고 있다. 더는 근면 성실함만으로 경쟁에서 이길 수 없다. 엉덩이 힘으로 공부해서 친구를 이기고, 야근까지 하며 성실하게 일해서 다른 나라를 열심히 따라가야 하는 산업화 시대가 저문것이다. 우리는 지금, 창조적 혁신으로 가치를 창출하는 4차 산업혁명의 시대에 살고 있다. 이제 개미의 근면함과 생산성만으로는 좋은 평가를 받지 못한다. 변화된 세상이 필요로 하는 새로운 능력을 갖춰야 한다.

모든 사람을 일렬로 세워두고 그 능력을 평가하던 시대엔 홀로 빨리 가는 게 중요했다. 조직 속에서 여러 사람과 함께 일한다지만 그 또한 빨리 가고 먼저 가기 위한 경쟁의 또 다른 모습이었다. 그러나 다양성을 존중하고 새로운 시도를 응원하는 글로벌 미래사회에는 자율적이고 독립적인 업무수행능력을 갖추되, 언제든 여러 사람과 연결돼 시너지를 발휘하는 유능한 네트워킹 능력을 요구한다. 개미가 아닌 거미형 인간이 필요한 시대가 된 것이다.

네트워킹이
경쟁력이다

개미와 거미의 가장 뚜렷한 차이점은, 개미는 조직이 없으면 존재할 수 없는 집단형 존재이지만 거미는 대부분의 일을 홀로 알아서 하는 독립적인 존재라는 것이다. 또한 개미가 명령과 복종, 지시와 순종의 피라미드 사회를 형성하지만 거미는 각자 독자적인 네트워크를 형성한다.

시대의 변화에 맞춰 사회가 필요로 하는 인재상이 바뀐 만큼 거미와 같은 독립형 인간, 독자적인 네트워크를 형성하는 능력이 글로벌 교육 패러다임의 중요한 화두로 떠오르고 있다. 끊임없이 변화하고 새로운 조직과 개인이 큰 영향력을 갖게 되는 미래사회에서는 조직의 단결과 개별적인 노력보다는 나에게 없는 지식과 능력을 갖춘 인재와 네트워킹하는 역량이 큰 가치를 갖게 되었기 때문이다.

이런 이유로, 나는 기회가 있을 때마다 학생들과 학부모들에게 거미형 네트워크의 중요성을 강조한다. 글로벌 경쟁 사회에서 우리는 모두 홀로 사는 거미이며, 오직 네트워크만이 생존의 해답이 된다. 자신의 네트워크 안에 여러 분야의 지식인과 전문가를 많이 연결할수록, 정보의 소스가 풍부할수록 경쟁력은 강해진다.

다행히 요즘 아이들은 SNS와 다양한 디지털 매체를 활용하여 나이와 성별, 국가와 상관없이 관심사가 비슷하고 호감이 가면 모두 친구가 된다. 그런데 단순히 온라인 공간에서의 '친구'가 많다고 해서 이를 네트워킹 능력이라고 판단할 수는 없다. 예의상 방문하며 의미 없는 '좋아요'를 주고받는 사이가 아니라 서로에게 긍정적인 영향을 미치며 언제든 자신의 지식과 재능을 나눌 수 있어야 진정한 친구라 할 수 있다.

좋은 친구를 얻기 위해선 내가 먼저 좋은 친구가 되어야 하듯이, 좋은 친구들과 교류하는 네트워킹 역량을 키우려면 나부터 그러한 역량과 자질을 갖춰야 한다. 그렇다면 글로벌 미래사회에 네트워킹 역량을 키우려면 어떤 준비와 태도가 필요할까? 그리고 학부모와 교사는 어떤 지도를 해야 할까?

● 타인은 경쟁자가 아닌 협력자다

네트워킹을 통합 협업의 힘이 중요해진 만큼 나 이외 다른 사람을 경쟁자로 인식해서는 안 된다. 경쟁 구도의 사회에서는 다른 사람의 약점을 발견하여 그보다 우위에 있는 경쟁력을 갖추려 노력했다. 그러나 타인이 경쟁자가 아닌 언제든 나와 협력할 친구가 된 현대에는 다른 사람의 장점과 능력을 발견하여 인정하고 그와 협력하여 시너지를 발휘할 수 있어야 한다. 두 사람의 합인 둘이 아니라 그 이상의 힘을 만들어 낼 수 있는 능력이 필요한 것이다.

● 나만의 차별점을 갖추자

내게 부족하거나 없는 것을 타인에게서 끌어오려면 나 또한 타인에게 나만의 것을 줄 수 있는 사람이 되어야 한다. 이를 위해 필요한 것은, 다른 사람에게는 없는 나만의 특징과 능력을 갖추는 일이다. 상대에게 받기만 하는 관계는 결코 오래 유지될 수 없다. 남의 능력을 인정하고 그것을 활용할 수 있는 융통성, 그리고 정성껏 쌓아온 자신의 능력을 공유할 수 있는 개방성이 꼭 필요하다. 내가 가진 능력을 나눌 수 있고 다른 사람의 능력을 고맙게 받을 수 있는 네트워크를 만들고 적극적으로 활용한다면 변화된 세상을 나의 꿈을 펼칠 최고의 무대로 만들 수 있다.

● 큰 세상으로 나아가 폭넓은 네트워킹을 하라

대학은 직업의 전문성을 쌓을 곳이기에 고등학교보다 더 많은 네트워킹을 할 수 있는 곳으로 가는 것이 좋다. 중·고등학교 때의 친구가 평생을 이어갈 진한 우정을 나누는 관계라면, 대학에서의 인맥은 사회인으로서의 나의 자리를 더 탄탄하게 만들어 줄 윈-윈의 네트워킹이 될 수 있다. 그러니 대학 내에서의 활발한 교류는 물론이고 그 너머에 있는 다양한 분야와 국적의 사람들과 적극적으로 네트워킹하는 기회를 만들어야 한다.

● 교사의 글로벌 네트워킹 역량도 중요하다

네트워킹 역량을 갖춰야 할 사람은 학생들만이 아니다. 글로벌 미래인재를 육성하는 선생님들 또한 글로벌 네트워킹을 위한 적극적인 노력이 필요하다. 물론 글로벌 네트워킹의 기회가 충분히 주어지지 않는다는 현실적 한계는 있으나 제자들의 미래를 위해, 그리고 교사 본인의 역량을 위해서라도 다양한 노력을 기울여야 한다. 그중 한 가지 방안으로, 국제공인교육과정인 IB를 학교에 도입하면, 전 세계 IB 학교의 교사들과 네트워크로 연결돼 적극적으로 지식과 정보를 교류할 수 있다. 이들은 자신이 큰 노력과 정성을 쏟아서 만든 교육자료를 전 세계의 IB 학교 교사들과 아낌없이 공유하며 학생들을 글로벌 미래인재로 육성하는데 서로의 힘을 나누고 있다. 이 외에도 개인적으로 SNS나 글로벌 교육 플랫폼 등을 적극적으로 활용하며 글로벌 네트워킹을 확장할 수도 있다.

기회의 땅이라 불리는 미국 실리콘밸리는 사실상 네트워크를 통해 움직인다. 실리콘밸리는 다른 기업 도시와는 달리 모든 기업이 네트워크로 연결된 구조이다. 평소에는 독립적으로 움직이지만 서로 도움이 필요하거나 정보와 지식을 공유해야 할 때는 무섭게 결속한다. 한 기업의 성공 및 실패 경험이 다른 기업들에 의해 학습되고 새로운 지식으로 전달되는 것이 실리콘밸리의 커다란 장점이다.

우리 아이가 훗날 글로벌 역량을 두루 갖춘 인재가 되어 실리콘밸리에서 창업하거나 뉴욕의 어느 글로벌 기업에서 매니저로 일하고 있다고 가정해 보자. 겉으로 보기엔 낯선 타국에서 혼자 힘겨운 싸움을 벌이고 있는 것처럼 보일지도 모르지만 사실 아이는 혼자가 아니다. 아이는 자신만의 독창적인 네트워크를 통해 세계 수많은 글로벌 인재들과 연결되어 있다. 아이는 그들의 지식과 정보, 조언 등을 통해 일의 성과를 올리고 어려운 문제를 해결하며, 더 나아가 따뜻하고 충만한 인간관계를 누린다.

부모세대가 경험하면서 맺어 왔던 네트워크보다는 우리 자녀는 훨씬 폭넓은 네트워크를 형성하고 공유하게 된다. 그리고 이 네트워크의 힘으로 모두가 함께 성장하는 구조를 만들어 나갈 것이다. 그러니 나 혼자만의 출세와 성공을 위해 지식과 정보를 쌓는 것이 아니라 나누고 공유하면서 더 큰 힘을 만들어 사회의 발전과 인류의 행복에 이바지할 수 있도록 '함께'의 힘을 깨우쳐줄 필요가 있다.

Creative Innovation **창조적 혁신**

유지 발전이 아니라
창조적으로 혁신하라

"교장 선생님, 삼성이 과거에 SONY와 같은 세계 1등 기업을 따라잡아야 할 때는 SKY 출신처럼 빨리 배우고 습득할 사람이 필요했습니다. 그러나 이제 삼성은 세계 초일류 기업이 되어 퍼스트 무버의 자리에 있게 되었기에 필요로 하는 인재상 또한 달라졌습니다. 공부를 잘하는 사람보다 인성을 잘 갖추고, 새로운 것에 도전을 즐기며 기존에는 없는 창의적인 것을 만들 줄 아는 사람이 필요합니다. 삼성고에서도 그런 인성이 바른, 창의적인 인재를 육성해 주시면 좋겠습니다."

2013년 초에 충남삼성고의 개교를 준비할 때의 일이다. 당시 이사장이셨던 권오현 삼성전자 부회장께서 내게 학교의 교육 방향에 대해 말씀하시며, 미래형 인재를 육성해 주길 당부하셨다.

10년 가까운 시간이 흐른 지금, 한국을 대표하는 기업인 삼성은 세계기업 중 다섯 번째로 높은 브랜드 가치를 갖게 되었다. 한국의 문화는 또 어떤가. BTS와 블랙핑크, 〈기생충〉과 〈오징어 게임〉 등 다양한 분야에서 강한 한류 열풍을 일으키고 있다. 이렇듯 우리는 여러 분야에서 세계를 선도하는 위치에 올라있다. 이는 모두가 일렬로 서서 빠르게 나아가는 힘만으론 결코 이를 수 없다. 세계적으로 한국의 기업과 문화가 영향력을 갖게 된 것은 다양성을 존중하고 남들과 다르게 생각하는 것을 독려하면서, 지금까지 보지 못했던 새로운 세계를 열어가는 창조적 혁신의 힘 때문이다.

창조적 이노베이터가 되라

머지않은 미래에 우리 아이들이 K-세계인으로 우뚝 서려면 정답을 빠르게 맞히고 능숙하게 암기하는 능력이 아니라, 현재에 없는 것을 상상하고 그것을 현실로 만들어 내는 창조적 역량을 키워야 한다. 이를 통해 아이들 개개인이 창조적 이노베이터가 될 때 더 큰 경쟁력을 갖게 된다.

전혀 다른 새로운 것을 창조하는 능력은 우수한 두뇌를 타고난 극소수의 천재만이 할 수 있는 일이 아니다. 평범한 우리 아이도 창조적 사고를 통해 얼마든지 혁신적인 결과물을 만들어 낼 수 있다. 경제학자 조지프 슘페터는 "마차를 아무리 연결해도 기차가 되지 않는다"라며 창조적 혁신의 중요성을 설파했다. 마차를 머릿속에서 완전히 지우고 전혀 새로운 기차라는 것을 상상하고 창조해야 한다는 의미이다.

그런데 기차는 세상에 전혀 없던, 완전히 새롭게 탄생한 창조물이 아니다. 마차나 수레의 둥근 바퀴, 증기기관을 동력으로 활용하는 등 이미 기존에 나와 있던 아이디어들을 새롭게 연결하여 전혀 다른, 새로운 것을 상상해낸 결과물이다.

이렇듯 창조는 완전한 무에서 탄생하는 것이 아니라 기존의 것들을 새롭게 연결하고 융합하여 새로운, 그리고 더 나은 혁신을 만들어내는 것이다. 그렇다면 변화된 글로벌 미래사회에서 기존의 것들을 연결하여 전혀 다른 새로운 것을 만들어 낼 창조적인 이노베이터가 되기 위해 우리 아이들은 평소 어떤 능력을 키우고 훈련해야 할까?

● 미디어 리터러시를 갖춰라

4차 산업혁명의 시대에 창조적인 이노베이터가 되기 위한 기초로써 우선은 '미디어 리터러시(Media Literacy)'를 갖추어야 한다. 리터러시(leteracy)란 글을 읽고 해독하는 능력인 문해력을 의미하며, 그 나라 국민의 문화 수준을 측정하는 척도였다.

그런데 최근에는 미디어 리터러시가 그 나라 또는 개인의 문화적 수준의 지표로 사용된다. 현대 사회에서 지식과 정보가 최고의 자원인 만큼 다양한 매체를 통해 지식과 정보에 접근하고 분석하며 창조적으로 활용하는 수 있는 능력인 미디어 리터러시가 무척 중요해진 것이다.

과거에 기업은 자료를 빠르게 찾아내고, 정확하게 분석할 줄 아는 능력을 높이 평가해주었다. 그런데 지금은 어떤가. 기업의 업무에 빅데이터와 인공지능이 도입되면서 정보를 찾고 분석하는 기본적인 업무에 굳이 유능한 인재를 투입하지 않는다. 오히려 인공지능이 분석한 정보들을 연결하여 새로운 결과를 도출할 수 있는 능력, 전혀 생각지도 못했던 또 다른 가치를 창출해 내는 창의적 능력을 인재의 중요한 요건으로 꼽는다.

● 몰입하고 집중하라

미디어 리터러시를 갖췄다면, 다음은 창의적 사고를 현실에서 구현하는 것이다. 구슬이 서 말이라도 꿰어야 보배라는 말처럼, 머릿속의 아이디이는 현실에서 구현될 때 비로소 그 가치를 발한다. 내 아이가 새로운 지식과 정보 또는 플랫폼을 만들어 사회변화와 발전에 이바지하는 미래형 인재로 성장하기를 바란다면 부모가 그에 걸맞은 심리적, 물리적 환경을 만들어 주어야 한다.

창조적 혁신의 출발점은 몰입과 집중의 경험이다. 모두를 놀라게 할만한 창조적 아이디어는 어느 날 갑자기 섬광처럼 찾아오는 것이 아니다. 모든 창조적 혁신의 바탕에는 오랜 집중과 몰입의 시간이 있다. 그러니 내 아이가 자신이 좋아하고 관심을 두는 것에 시간 가는 줄 모르고 집중하는 모습을 보인다면 그 지점이 창의적이고 혁신적인 변화의 출발점임을 간파해야 한다.

정규교과와 관련 없는 분야에 오래도록 집중하고 몰입해있으면 염려될 수도 있으나 소모적인 일, 감각적인 일 등 잘못된 일이 아니라면 몰입을 방해해서는 안 된다. 오히려 몰입을 잘 이어갈 수 있도록 환경을 만들어 주어야 한다. '미치지 않으면 미칠 수 없다(不狂不及)'라는 말처럼, 내 아이가 무언가에 미쳐서 집중하고 몰입하는 것은 결국 그것에 닿기 위한 과정이다. 배가 고픈 줄도 모르고, 날이 어두워지는 것도 모르고 무언가에 몰입하는 모습은 염려스러운 것이 아니라 흐뭇해하고 칭찬할 일이다.

주위에서 아이의 집중과 몰입에 대해 중단하게 하거나 간섭하기 시작하면 그 몰입과 집중이 창조적 혁신으로 이어지기 어렵다. 변화된 글로벌 미래사회에서 필요로 하는 인재는 정규교과의 성적이 높은 사람도 아니고, 모든 분야를 골고루 잘하는 만능형 인간도 아니다. 어떤 분야이든 자신만의 영역을 만들고 전문성을 갖춘 창조적 이노베이터가 미래형 인재로 인정받으며 세상을 발전시켜 나갈 것이다.

● 지식과 정보에 대한 윤리의식을 가져라

컴퓨터나 앱을 통하여 나에게 필요한 최신의 정보를 쉽게 사용하고 활용할 수 있는 미디어 리터러시를 갖추는 것과 더불어 타인의 지식과 정보에 대한 윤리의식을 가질 필요가 있다.

디지털 공간에 공개된 지식과 정보라고 해서 주인이 없는 것이 아니다. 기존의 것들을 연결하여 새로운 것을 창조할 때도 남의 아이디어를 훔치거나 함부로 사용해서는 안 된다.

나의 창작물이 그 가치를 인정받고 보호받으려면 타인의 것도 존중하고 보호해주어야 한다. 더군다나 지식과 정보가 미래 산업의 가장 중요한 자산인 만큼 타인의 것을 활용하여 지식과 정보를 재생산하게 될 때는 반드시 출처를 밝히거나 사용에 따른 대가를 치러야 한다. 이것은 학교에서 수행하는 과제를 작성할 때부터 철저하게 준수하도록 지도해 사회 문화로 정착시켜 나가야 한다. 창작물에 대한 존중과 보호가 당연한 문화로 정착될 때 더 많은 사람이 새로운 지식과 정보를 창조해 낼 수 있다.

Confidence 자신감

충분히 준비했다면
자신감 있게 행동하라

가족이나 친한 친구 몇 명을 제외하곤 사람들 사이에서 자신을 드러내고 표현하는 것을 어려워하는 아이들이 있다. 내성적 성향이 강해서이기도 하지만 대부분은 자신감이 부족한 아이들이 이런 모습을 보인다. 설령 성격적인 부분이라 할지라도 현대는 적극적인 자기표현이 중요한 매력점으로 작용하기에 평소 꾸준한 훈련을 통해 자신감을 키울 필요가 있다.

학급당 인원수가 현저히 줄어들고, 학생들의 발표가 많아지는 요즈음의 수업 환경에서는 자신의 의견을 당당하게 표현할 수 있는 자신감은 매우 중요한 태도이자 귀한 자산이 된다. 그런데 자신감이 없는 아이들은 수업에서도 꿔다놓은 보릿자루처럼 움츠리고 수동적인 태도를 보인다. 다른 친구들이 적극적으로 질문하고 대답도 하며 수업에 능동적으로 참여할 때 자신감 없는 아이들은 혹여라도 질문을 받을까 봐 마음 졸이며 얼른 수업이 끝나기를 기다린다.

교실을 벗어나 사회생활을 할 때도 자신감 있는 태도는 그 사람을 평가할 때 중요한 플러스요인으로 작용한다. 말과 행동에 자신이 있는 사람은 신뢰가 가고 호감도가 높아지며 의견에 공감하게 하는 힘이 있다. 특히 요즘처럼 SNS와 유튜브 등 다양한 채널을 통해 많은 사람과 소통하고 관계를 맺는 디지털 시대에는 자신을 당당히 표현하는 자신감이 그 사람의 존재감을 만들어 주기도 한다.

청소년 중에도 SNS를 통하여 많은 사람과 공감을 주고받으며 삶의 영역을 가정이나 학교를 넘어 더 큰 세계로 넓혀가는 모습을 어렵지 않게 찾아볼 수 있다. 게다가 이들 중에는 소소한 일상의 나눔 외에도 특정 분야에서 큰 영향력을 가진 인플루언서가 되고, 이를 통해 적지 않은 수입을 올리는 파워 유튜버들도 있다. 나이와 성별, 국경을 뛰어넘어 많은 사람에게 영향력을 발휘하는 힘은 자신감에서 비롯되기에 부모는 다양한 방법으로 자녀의 자신감을 키워주이야 한다.

고유의 색을 존중해
자신감을 키워주자

"가만히 있으면 중간은 간다."라는 말이 있다. 괜히 나섰다가 망신을 당하거나 손해를 입힐 수 있으니 그냥 가만히 있으면서 중간 자리나 확보하라는 뜻을 가진 말이다. 그런데 과연 가만히 있으면 중간은 갈까? 체면과 겸손을 중요한 미덕으로 교육 받아온 부모 세대에선 어느 정도 통했을 수도 있다. 그러나 요즘처럼 다양한 방법을 활용해 적극적으로 자신을 표현하는 시대엔 가만히 있으면 아예 그 자리에 없는 사람으로 취급당하기 마련이다. 이러한 변화를 인식하지 못한 채 아이에게 '가만히, 진득하니' 있는 것이 최고의 처세라고 가르치는 부모도 적지 않다.

교사라고 별다르지 않다. 제한된 공간과 시간에 수십 명의 학생을 대상으로 수업을 진행하다 보니 모든 아이를 적극적으로 수업에 참여시키는 것이 생각처럼 쉽지 않다. 학생 모두에게 골고루 생각과 의견을 표현할 기회를 주기엔 시간적인 제약이 있는 데다, 자신감 있게 표현하는 아이에게조차 충분한 시간을 할애하기 어렵다. 이러한 현실적 한계가 분명한 상황에서 자신감 없이 움츠리고 있는 아이를 배려하며 적극적으로 수업에 참여시키는 것은 더더욱 어려운 일이다. 심지어 원활한 수업 진행을 위해 학생들을 제재하고 끊임없는 잔소리를 해야 할 상황에 놓이게 되는 경우가 많다.

부모의 양육방식, 그리고 교사의 수업 운영과 학생지도의 방식에서 아이들의 자신감을 잃게 하는 요소가 무엇인지 잘 살펴서 이를 개선하고, 나아가 자신감을 높여주는 노력을 할 필요가 있다. 그렇다면 아이들의 자신감을 높여주기 위해 부모와 교사는 어떤 노력을 해야 할까?

● 있는 그대로 존중하자

우리 아이가 다른 아이와 무엇이 다른가, 즉 어떤 장점이 있고 어떤 단점이 있는가를 이해하고 그것을 있는 그대로 존중해주어야 한다. 평소 그려오던 이상적인 자녀상이 있을지라도 내 아이를 대할 때는 모든 편견을 내려놓고 존재 그 자체를 소중하게 생각하며 존중해주어야 한다. 모든 아이는 저마다의 색을 가지고 있는데, 부모가 초록색이 좋다고 하여 내 아이에게 너는 왜 초록색이 되지 못하느냐고 비교하며 혼내서는 안 된다. 많은 부모가 다른 형제, 혹은 친구와 비교하며 "너는 왜 그러지 못하냐?"고 아이를 윽박지르곤 한다. 다름을 틀림으로 평가받는다면 아이는 자신감을 잃고 주눅 들기 마련이다. 모든 성장과 변화의 기준은 내 아이이야 함을 잊어서는 안 된다.

● 충분히 준비하되, 결과에 의연하자

준비 없는 도전은 실패로 이어지기 마련이다. 그런데 충분히 준비해도 실패는 있을 수 있다. 그러니 내 아이가 자신에게 맡겨진 역할에 임하기 전에 충분한 준비와 연습을 하도록 하되, 그 결과가 반드시 성공과 성취만은 아님을 경험하게 해주어야 한다. 충분한 노력을 기울여도 실패나 위험을 겪을 수 있으며, 그 실패와 위험이 대단히 불행한 일이 아님을 가르쳐야 한다.

아이가 실패에 좌절할 것이 두려워 준비의 과정에 부모가 개입하고 지원하는 경우가 더러 있다. 홀로 당당히 나아가는 아이를 바란다면 스스로 준비하고 실패도 경험하도록 거리를 두고 지켜보아야 한다. 성공과 성취는 수많은 실패 위에서 만들어지는 것이니, 부모는 아이의 실패조차도 응원하고 격려하며 늘 다시 도전할 수 있도록 믿음을 주면 된다. 실패하더라도 한결같은 마음으로 믿어주는 부모 밑에서 자신감은 자라게 된다.

● 정답이 없는 과제와 문제에 도전하자

이미 정답이 정해져 있는 문제는 열심히 했음에도 그 답을 맞히지 못하면 실망하고 자신감도 떨어진다. 그러나 정답이 없는 문제는 모든 답이 정답이기에 과정과 결과가 모두 성취의 경험으로 남게 된다. 정답이 없는 과제 또한 그것을 수행하는 과정에서 즐거움과 재미를 느끼고, 자신의 생각과 노력으로 과제를 완성함으로써 성취감과 자신감을 느끼게 된다. 그러니 정답을 얼마나 잘 맞히는가를 통해 아이의 능력을 확인하고 싶은 마음을 거두고, 본인이 무언가를 만들어내고 남다른 것을 해내는 경험을 많이 할 수 있도록 도와야 한다.

내 아이가 존재감을 드러내지 못하고 있는 듯 없는 듯 살아가길 원하는 부모가 어디 있겠는가. 우리는 내 아이가 당당히 자신의 자리를 만들고 생각을 펼치며 자신만의 색깔을 발하면서 행복하게 살길 바란다. 특히 전 세계가 삶의 무대가 되는 글로벌 미래 사회에 자신만의 독특함을 잃지 않으며 세상과 더불어 살아가고 좋은 영향력을 만들어가길 소망한다.

이를 위해 필요한 것은 부모가 정해 놓은 틀 안에 들어오도록 참견하고 잔소리하며 끌고 가는 것이 아니다. 내 아이 고유의 색깔을 존중하며, 결과가 아닌 준비와 노력의 과정을 칭찬하고 실패 또한 귀중한 경험으로 쌓이도록 응원하는 부모의 믿음이 내 아이의 걸음과 도전에 힘을 실어준다.

Change **변화**

변화를 즐기고
이끌어라

2006년에 나의 첫 저서인《이젠 세계인으로 키워라》를 집필하며 서문에 '2020년이 되면 거대한 폭풍우가 몰려온다'라는 주제의 글을 썼다. 당시 경제·사회 분야의 세계적 석학들은 2020년이 되면 세계는 대규모 지각 변동을 일으켜 전혀 다른 새로운 국면으로 접어들 것이라고 예고했다. 그들의 예측이 적중한 부분도 있고 다소 어긋난 부분도 있으나 분명한 것은 2020년을 지나온 지금, 세상은 당시의 예측보다 훨씬 더 빠르고 큰 변화 속에 있다는 점이다.

현재 우리가 맞고 있는 4차 산업혁명은 변화라는 말로는 부족한, 거대한 혁신을 산업 전반에 가져왔다. 이러한 급격한 변화는 누군가에겐 위기로 느껴져 두렵고, 또 누군가엔 기회로 와닿아 반갑기 그지없다. 같은 상황이지만 확연히 다르게 해석되는 이유는 얼마나 변화를 예측하고 준비했느냐의 차이일 것이다.

예컨대 디지털 기술의 발달은 점점 더 우리의 삶을 오프라인에서 온라인으로 옮겨올 것이란 예측이 가능하다. 그리고 코로나 19와 같은 변수가 작용하면 그 시기가 급격하게 앞당겨질 수 있으리란 예측도 가능하다. 정확한 시기를 예견할 수는 없더라도, 분명 머지않은 미래에 이러한 상황이 올 것을 예측한 사람들은 있다. 그들은 미리 대비하고, 나아가 이러한 변화를 위기가 아닌 기회로 활용할 수 있도록 탄탄하게 준비하며, 변화와 마주했을 때 기쁜 마음으로 이를 즐긴다.

관성을
경계하라

브랜드 가치 세계 5위로 글로벌 혁신 기업으로서의 자리를 탄탄히 굳힌 삼성은 1993년에 전 사원에게 '변화'에 대한 강력한 의지를 표명했다.

"마누라와 자식만 빼고 다 바꾸라!"

다소 거친 표현으로 전해졌던 이건희 회장의 주문에는 '변하자!'라는 짧고도 강렬한 메시지가 담겨 있었다. 당시만 해도 대부분의 기업이 속도나 양(量) 위주의 성장을 했다. 하지만 다가올 미래에는 더는 이러한 기준으로 선두에 설 수 없다는 것을 깨달은 이건희 회장은 삼성이 철저히 질(質) 위주로 변함으로써 21세기 초일류기업으로 성장할 수 있음을 강조했다.

변화를 예견하고 미리 준비하며, 변화의 물결이 밀려왔을 때 이를 기회로 활용했던 삼성은 이제 세계에서 다섯 손가락 안에 꼽히는 초일류기업이 되었다. 그리고 국가로는, 상위 4개의 기업이 모두 미국이니 우리나라는 글로벌 2위의 위상을 떨치고 있는 셈이다.

이제 우리 아이들이 K-세계인으로서의 역량을 갖추고 세계 무대에서 힘껏 제 기량을 펼친다면 기업과 국가 모두 글로벌 1위의 위상을 갖는 것은 결코 불가능한 일이 아니다. 그러나 지금의 성공에 안주하며 변화의 필요성을 외면한다면 수많은 기업과 국가가 그러했듯이 추락을 피할 수 없다.

4차 산업혁명의 시대를 맞이하며 기업은 물론이고 개인까지, 모두가 변화와 혁신을 부르짖는다. 급격한 변화의 물결 속에 혁신하지 않으면 생존할 수 없다는 것을 알기 때문이다. 그런데 변화의 필요성을 알고도 현재에 안주하며 머뭇거리거나 두려움에 외면해버리기도 한다.

2008년, 세계 휴대전화 시장의 40% 이상을 점유한 기업은 삼성도 아니고 애플도 아니었다. 세계 각국에서 휴대전화 사용자의 절반 가까이가 노키아의 휴대전화를 손에 들고 있었다. 당시 삼성전자의 휴대전화 점유율은 노키아의 3분의 1 정도 수준이었다.

1984년에 휴대전화 사업에 뛰어든 뒤 노키아는 고속 성장을 하며 1998년에 세계 1위의 자리에 오른다. 이후 2011년까지 14년간 굳건히 1위의 자리를 지키며 세계 시장을 장악했다. 이렇듯 누구에게도 내놓지 않을 것 같았던 노키아의 굳건한 왕좌는 놀랍게도 이듬해인 2012년에 삼성전자에게 빼앗기고 만다. 게다가 왕좌를 빼앗긴 지 1년만인 2013년에 노키아의 휴대전화 사업부는 헐값에 매각되기까지 한다.

노키아의 급격한 추락은 비대해진 조직과 안일한 시장 대응이 원인이라는 지적이 높다. 특히 세상은 통화기능에 집중한 단순한 휴대전화가 아닌 다양한 기능이 융합된 스마트폰을 요구하는데, 노키아는 이에 대한 대응이 너무 안일했다. 1등의 편안함에 익숙해져 변화의 물결을 외면한 것이다.

노키아의 사례에서도 잘 알 수 있듯이 변화를 어렵게 만드는 것은 관성이다. 삶의 태도와 가치관을 지금 상태로 유지하려는 관성의 힘을 과감히 끊어내지 않으면 결국 낙오되고 도태된다. 모두가 앞으로 나아갈 때 한 자리에 가만히 멈춰서 있는 사람이 결국엔 맨 뒤로 밀려나는 것과 같은 이치다.

변화를 읽는 능력, 그 변화에 따라 원대한 목표를 설정하고 추진하는 능력은 미래인재에게 필수적인 자질이다. 이런 능력이 없으면 우리가 제자리걸음을 하며 발을 동동 구르는 사이에 남들은 벌써 저만치 앞서갈 것이다. 우리 아이들이 세상의 중심에서 자신의 역량을 마음껏 발휘하려면 변화에 유연하며, 나아가 변화를 즐기고 주도하는 태도를 갖춰야 한다.

Credit 신용

신용을 쌓아
스스로 명품이 되라

우리나라는 오랫동안 청소년과 청년들의 미래 직업 희망 1순위가 공무원이나 대기업, 공기업에 취업하는 것이다. 왜 그럴까? 그들은 업무를 통해 얻는 성취감보단 직장이 제공하는 '안정감'에 훨씬 더 높은 점수를 줬다. 회사에서 쫓겨날 만큼의 큰 실수나 잘못을 하지 않는다면 정년까지 일자리를 보장받을 수 있으니 대단한 성공은 못 하더라도 갑작스러운 실패도 없으리란 기대감이 작용한 결과이다.

설령 이러한 기대감이 아직은 유효하다고 할지라도 그 생명력은 생각보다 길지 않다. 미래를 향한 급격한 변화 속에서 직장이 주는 안정감은 가장 먼저 무너질 공식 중 하나가 되었다. 실제로 많은 전문가가 미래사회를 예측하며 "직장은 사라지고 직업만 남는다"라는 변화를 빼놓지 않고 언급한다. 네트워크를 통한 초연결로 조직의 경계가 유연해지면서 기업은 전문인력을 비롯한 상당수의 인력을 외부에서 공급받는다는 것이다.

이러한 전문가들의 예측이 100% 적중할 수도 있고, 적중하더라도 다소 느리게 진행될 수도 있다. 그리고 적중률 또한 다소 낮아질 수도 있다. 그러나 완전히 어긋날 수는 없다. 이미 일부 직종과 산업에선 이 같은 현상이 일어나고 있고, 점점 더 확대되는 추세이다.

이름이 곧 실력인
최고 전문가가 되라

'직장은 사라지고 직업만 남는' 세상을 두려워할 이유는 없다. 시대가 요구하는 인재상에 맞게 실력을 갖춘다면 오히려 이러한 변화는 큰 기회가 될 수 있다. 즉, 변화에서 살아남고 더 탄탄하게 자신의 자리를 만들려면 안정만을 좇는 직장인이 아닌 도전과 성취를 즐기는 직업인으로서의 역량을 갖추면 된다.

그렇다면 '직장인'과 '직업인'의 차이는 무엇일까? 직장인은 직장에서 자신에게 주어진 업무적 책임을 다하는 사람이다. 그 책임만 다하면 회사가 망하지 않는 한 정년까지 쫓겨나진 않는다. 반면 직업인은 직장의 소속 여부와는 무관하게 자신이 하는 일의 의미를 알며 직업적 소명을 다하는 사람이다. 그래서 필요에 따라 과감한 도전도 하고 더 큰 성장을 위해 자발적인 멈춤의 시간도 갖는다.

하지만 우리의 현실은 실패를 성공을 향한 당연한 과정이라 여기기보다는 패배로 인식하며 그 누구도 손잡아주지 않는다. 이런 사회 분위기 속에서는 우리의 자녀가 '안정'을 좇는 것을 탓할 수만은 없다. 대신 지금 그들이 생각하는 안정은 다가올 미래사회에선 절대 유효하지 않다는 것을 일깨워줄 필요는 있다. 게다가 기업은 이제 능력 없는 인재를 입사시험 합격의 결과만으로 꼬박꼬박 월급을 줄 만큼 여유롭지 않다. 힘껏 달리지 않으면 도태되는 경영 환경에서 기업은 가만히 멈춰서 있는 직원에게 자리를 내어주지 않는다.

진정한 안정은 특정 기업이나 조직에 소속되는 것이 아닌 나 자신의 완성에서 비롯된다. 내가 이 세상 유일무이한 실력을 갖추고 전문성을 확보하고 있다면 직장이 없는 것은 결코 문제가 되지 않는다. 오히려 일의 가치나 대우, 성취감 등을 비교하며 너 나은 일을 주체적으로 선택할 수 있다.

직장은 사라지고 직업만 남는 세상, 직장인은 사라지고 직업인만 남는 세상을 대비하며 우리 아이들은 어떤 준비를 해야 할까? 모두가 그 사람이라면 믿고 일을 맡길 수 있다고 생각할 정도로 자신의 분야에서 최고의 전문가가 되어야 한다. 믿고 사는 브랜드, 믿고 보는 감독의 영화, 믿고 가는 셰프의 맛집 등 그 이름만으로도 신뢰가 가는 전문가가 된다면 직장이 사라지고 직업만 남는 세상이 온다고 한들 무엇이 두려울까.

그 이름만으로도 최고의 품질이 보장되는 제품을 두고 우리는 흔히 '명품'이라 칭한다. 직장이 아닌 직업으로 승부를 거는 미래 사회에선 직업인의 능력을 갖추되 나 스스로 최고의 명품 브랜드가 되어야 한다. 모두가 탐내고 누구도 넘볼 수 없는 최고의 명품 브랜드가 된다면 그 어떤 변화가 몰려와도 끄떡없다. 오히려 시간이 흐르고 변화가 거셀수록 그 가치가 더욱 빛난다.

현악기 제작의 명장 안토니오 스트라디바리(Antonio Stradivari)가 만든 스트라디바리우스(Stradivarius)는 세계 최고의 명품 바이올린으로 유명하다. 그 특유의 심오하고도 독특한 음색 덕분에 300년이 지난 지금도 스트라디바리우스는 세계 각국의 음악가들이 소장하거나 연주하고 싶어 하는 최고의 바이올린이다. 2011년에 경매에 나온 스트라디바리우스는 980만 파운드(약 172억 원)에

팔렸을 정도로 그 가격도 어마어마하다.

10대 초반부터 바이올린 제작을 배운 스트라디바리는 20대 초반에는 악기에 자신의 이름을 새겨넣을 정도로 실력을 쌓았다. 40대에 스승에게서 독립한 그는 이후 20년 동안 균일한 음정과 맑고 아름다운 소리를 내는 바이올린을 만들기 위해 다양한 시도를 했고, 마침내 그 비법을 완성해냈다.

그는 한 종류의 나무가 아닌, 단풍나무, 등나무, 버드나무 등 악기의 각 부분에 가장 적합한 나무를 사용했다. 그리고 한랭기인 1645년부터 1715년 사이에 자란, 낮은 밀도와 높은 탄성을 지닌 나무만을 사용했다. 또 소리가 밖으로 흘러나오는 f홀의 대칭을 살짝 어긋나게 하고 경사를 날카롭게 해서 더욱 깊고 아름다운 울림을 구현했다. 소리통의 변질을 막기 위해 악기의 표면에 고품질의 니스를 칠해 나무의 결까지 잘 드러나는 고유의 투명한 광택을 만들어냈다. 이 외에도 바이올린 몸체인 위와 아래의 나무판의 두께와 일정한 밀도, 나무의 미세한 기공 상태까지 고려한 광택제의 처리 등도 스트라디바리우스 탄생의 비법으로 꼽힌다.

이렇듯 수십 년에 걸친 오랜 연구와 다양한 시도 덕분에 아름다운 천상의 음색을 가진 최고의 바이올린 제조법이 완성되었다. 게다가 독특한 목재 처리와 디자인 덕분에 복제가 거의 불가능한 특유의 소리를 낸다.

직업인이 되든 직장인이 되든, 어떤 분야에서 일하든 명품처럼 신뢰를 주는 사람이 되어야 한다. 명품은 단순히 품질이나 디자인이 우수한 것을 넘어 브랜드 그 자체에 믿음이 가고, 나아가 감동까지 느끼게 된다.

제품과 서비스 등의 결과물에서 만족을 느끼면 처음에는 '좋다', '마음에 든다'라는 평가를 하게 되고, 이러한 만족감이 반복되면 '믿을 수 있다'라는 신뢰가 생긴다. 그리고 늘 변함없는 신용이 이어지면 마침내 '감동'하는 수준으로 가게 된다.

다가올 글로벌 미래사회에서 나의 자리를 굳건히 만들기 위해서는 호감을 넘어 신뢰에서 감동까지 전해 주는 사람이 되어야 한다. 이를 위해선 상대가 나(제품, 작품, 서비스)에 대해 기대하는 바가 무엇인지를 정확하게 알아야 한다. 그리고 그에 부응하기 위하여 책임감 있게 최선을 다해야 한다. 더불어 상대가 내가 창출한 결과물에 대하여 만족하고 좋아하게 되면 그러한 노력을 멈추는 것이 아니라 계속하여 더욱 전문화하여 독보적인 상태로 만들어 내야 한다. 고객에게 감동을 전할 정도로 제품과 서비스 등의 결과물에 한결같이 최고의 정성을 들이는 기업이나 사람이라야 비로소 '명품'이라는 찬사를 받을 자격이 생긴다.

사업이 잘될수록 초심을 잃지 않고 더 나은 품질과 서비스를 제공하려 노력하는 기업이 있는가 하면, 성공에 안주하며 노력을 게을리하거나 심지어 슬그머니 가격을 올리거나 제품의 양을 줄이는 등 어떻게든 더 많은 이익을 내려 꼼수를 부리는 기업도 있다. 이렇듯 신뢰를 저버리는 행동은 이전에 쌓아두었던 좋은 이미지까지 망치게 되어 결국 소비자의 외면을 받게 된다.

사업 외에도 연구개발이나 예술, 학문 등 사람들 간의 교류가 일어나는 모든 영역에서 결과물의 퀄리티를 최고로 유지하기 위한 지속적인 노력을 통해 신용을 지키는 것은 필수적이다. 이런 신용을 지키는 태도는 하루아침에 갖춰지는 것이 아니기에 어릴 때부터 꾸준히 가정과 학교에서 교육하고 모범을 보이며 이끌어 주어야 한다.

좋은 학교를 넘어
위대한 학교로

K·SCHOOL

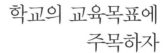

학교의 교육목표에
주목하자

　고등학교를 선택할 때 부모와 학생이 제일 먼저 고려하는 것은 무엇일까? 아마도 우리나라는 여전히 다수의 부모가 '그 학교가 어느 대학에 몇 명의 학생을 보냈느냐'를 고등학교 선택의 중요한 기준으로 둘 것이다.

　대학의 진학률을 완전히 무시해서도 안 되겠지만, 그렇다고 무작정 결과만 좇아서도 안 된다. 결과 중심의 선택은 그 과정을 무시함으로써 우리 삶에 더 중요한 것들을 놓치게 하는 치명적인 맹점이 있다.

　고등학교 선택에서 가장 중요한 기준으로 두어야 할 것은, 3년간의 긴 시간을 보낼 학교가 내 아이에게 어떤 가치를 심어주고 어떤 경험을 쌓아줄 것인가라는 것이다. 대학 진학도 중요하지만 3년씩이나 다닌 학교의 결과가 고작 대학 진학 하나뿐이라면 그 시간이 얼마나 아까울까.

고등학교에서 보낼 3년은 대학 진학의 성과는 물론이고 내 아이의 사고와 가치가 더 큰 성장을 이끄는 값지고 귀한 시간이 되어야 한다. 이를 위해서는 고등학교를 선택할 때 반드시 그 학교의 교육목표와 교육철학을 잘 살펴보아야 한다. 모든 학교의 홈페이지에는 그 학교의 교육목표가 쓰여있고, 학교의 교육계획서와 각종 홍보물에는 그 학교의 교육목표와 교육철학이 쓰여있으니 이를 꼼꼼히 살펴볼 필요가 있다.

물론 현실은 대부분의 고등학교가 교육목표나 교육철학이 대동소이한 내용이라 그다지 인상적이지 않은 데다, 실제 교육 또한 그들이 내세운 교육목표나 교육철학처럼 차별화되고 특징 있는 교육이 아니라는 한계가 있다. 실제 이런 이유로 많은 학부모와 학생이 학교의 교육목표나 교육철학에 그다지 관심을 두지 않게 된다.

그럼에도 내 아이가 고등학교에서 보낼 3년은 다시 오지 않을 귀한 시간이기에 그것을 투자할 만한 가치가 있는 곳을 신중하게 실펴주는 깃도 부모의 역할이자 책임이다.

학교 선택의
분명한 기준을 갖자

국립, 공립, 사립을 막론하고 모든 학교는 개교할 때 국가의 기본적인 교육이념을 바탕으로 그 학교가 추구하는 교육의 목표와 철학을 분명히 하고, 그것에 근거하여 교육 프로그램을 만들어가야 한다.

감사하게도 나는 학교의 개교를 준비하거나 학교 교육을 새롭게 변화시킬 기회가 많았는데, 그때마다 교사로서의 오랜 경험을 바탕으로 학생들을 위한 최고의 교육목표와 교육철학을 설립하고, 이를 실천하기 위한 정책들을 마련하는 데 힘을 보탰다.

충남삼성고에서는 1년여에 걸친 개교 준비 기간을 보냈다. 나는 개교 추진단의 단장으로서 2013년 4월 초부터 개교 준비에 참여하였다. 개교 준비를 하는 동안 가장 많은 시간을 두고 고민했던 것은 학교의 교육목표와 교육철학이었다.

'충남'에 '삼성'이 세우는 '공교육'을 하는 학교이기 때문에 나는 크게 세 가지를 고려해야만 했다. 첫째는 홍익인간을 기반으로 하여 교육과정 총론에 나와 있는 대한민국 공교육기관이 추구해야 할 교육목표이다. 둘째는 충남이 갖는 역사적 의미를 품어야 한다는 것이다. 셋째는 세계 초일류기업인 삼성의 핵심가치를 학교 교육목표에 담아내야 한다는 것이다. 학교의 탄생 이유이자 나아갈 방향, 근본적으로 품고 있는 교육에 대한 철학이 학교의 교육목표에 녹아있어야 하기 때문이다.

오랜 고심 끝에 충남삼성고는 '바른 품성, 창의력, 리더십을 겸비한 글로벌 미래인재 육성'이라는 교육목표를 설정했다. 그리고 이를 달성하기 위해 학교의 교훈을 '자율', '창의', '품격'으로 정했다. 더불어 이런 교육목표를 실행하는 마음가짐을 '비욘드 유니버시티(BEYOND UNIVERSITY, 대학을 넘어)'와 '리틀 어덜트(LITTLE ADULT, 어리나 성숙한 어른)'라는 슬로건 안에 담으며 충남삼성고의 모든 교육활동에 이러한 마인드가 스며들도록 하였다. 이는 오직 대학을 위한 공부가 아닌, 사회에 나가 그 구성원이 되어 배운 바를 어떻게 유용하게 쓸 것이며, 평생을 통해 닦아낼 그 무엇을 가르치고 배우게 하자는 의미이다.

2008년에 명지외고에서 경기외고로 재도약을 할 때는 법인의 설립 정신인 '교학상장(教學相長)'의 철학을 바탕으로 글로벌 교육에 방점을 두어 교육목표를 설정하였다. 또 그렇게 설정된 교육목표를 IB의 도입과 실행이라는 구체적인 교육 활동으로 이어갔다.

한편 내가 개교 책임자로 개교의 모든 과정에 참여한 외대부속외고의 교육목표는 시대의 흐름, 법인의 교육이념, 학교장의 경영 철학 등을 반영해 신중하게 결정되었다. 그렇게 결정된 외대부속외고의 설립목표는 '영재 교육을 통한 세계 경영 인재 양성'이었다. 외대부속외고의 세 가지 교육이념, 즉 인성교육과 창의성 교육, 자율성 교육은 모두 글로벌 리더를 양성한다는 설립목표를 중심으로 만들어졌다. 외대부속외고만의 독특한 리더십 프로그램, 국내외 진학프로그램, 글로벌 매너 교육 프로그램 등도 여기에서 발전한 것이다.

민사고의 설립목표는 잘 알려져 있다시피, '민족정신으로 무장한 세계적 지도자 양성'이다. 실제로 그동안 민사고가 보여 준 모든 시도는 '민족'과 '세계적 인재', 이 두 키워드에 맞춰져 왔다. 민족 교육을 위해 한복 교복을 입히고 아침에 전통 무예를 수련하게 하는가 하면, 모든 학생에게 혼정신성(昏定晨省)을 실천하고 전통 악기를 연주하게 한다.

이처럼 학교는 저마다의 설립 취지와 목표에 따라 그 지향점이 달라진다. 여기에 설립자의 경영 마인드, 재정 규모 등에 따라 한 차례 더 달라진다. 서울대에 몇 명을 보냈다, 아이비리그 합격생의 수가 몇 명이다 등등의 기준은 분명히 학교를 홍보하는 자랑거리이긴 하다. 그러나 그 자체가 학교의 색깔 혹은 아이덴티티일 수는 없다.

영국 고위층 자녀 중에서 최고의 학업 능력을 가진 학생들만 선별해서 교육하는 이튼칼리지는 나라를 이끌 리더 교육을 그 목표로 하고 있다. 여기에는 위기 시 국가를 위해 희생하는 자세, 기득권층의 솔선수범하는 자세, 즉 '노블레스 오블리주'에 대한 꾸준한 강조가 있다. 그러한 교육의 결과, 제1차 세계대전과 제2차 세계대전이 일어났을 때 이튼칼리지 출신이 대거 전쟁터로 나가 목숨까지 내걸며 나라와 세계의 평화를 지키는 데 힘을 보탰다.

그뿐만 아니다. 공부가 아닌 자긍심과 국가관, 사명감 등을 강조하는 학교임에도 놀랍게도 졸업생의 대부분이 대학교에 진학하고, 그중 30% 이상이 명문대에 진학한다고 한다. 이는 절대적인 학습량의 많고 적음보다는 그 학교가 추구하는 교육목표와 교육철학이 무엇이며, 실제로 그것을 얼마나 잘 실현하고 있는가가 한 사람의 미래, 더 나아가 한 국가의 미래에 얼마나 큰 영향을 주는지 짐작게 할 수 있는 좋은 예이다.

학교 경쟁이 더욱 치열해지는 이 시기에, 우리 부모들은 더욱 깐깐한 소비자가 되어 학교에 대한 선택 기준을 다시 세워야 한다. 학교를 선택할 때에는 차분하고 냉철한 마음으로 학교 홈페이지에 접속해 학교의 설립 취지와 이념, 교육목표, 이사장의 말 등을 꼼꼼히 읽어 보자.

비슷비슷해 보이는 그들 속에서 분명 나와 내 아이의 마음을 끄는 특별한 학교들이 눈에 들어올 것이다. 그러면 그 학교들의 행적을 좇으며 말과 글로 표현된 그들의 이상이 현실에서 얼마나 실행으로 구현되는지도 꼼꼼히 살피면서 최종 선택하면 된다.

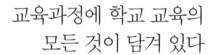

교육과정에 학교 교육의
모든 것이 담겨 있다

학교란 교육과정을 통해서 교육목표를 달성하는 교육기관이라고 할 수 있다. 그래서 교육과정을 보면 그 학교가 어떤 교육을 하려는지 다 알 수 있다. 교육과정은 '무가배' 즉, '학교에서 무엇을 가르치고 배우게 할 것인가'를 설계한 것으로, 달성해야 할 교육목표를 이루는 종합 계획서이고 설계도라 할 수 있다.

교육과정은 한정된 기간 안에 학생들이 꼭 필요한 것을 배울수 있도록 구체적이고 전문적으로 계획하고 정리한 후 문서로 작성한다. 학교가 추구하는 목표와 인재상은 무엇이며, 이를 이루기위해 어떤 과목과 어떤 활동으로 교육을 하며, 그 교육의 결과를 어떻게 평가할 것인가가 잘 기술되어 있다.

우리나라는 학교에서의 교육 기간을 초등학교는 6년, 중학교와 고등학교는 각각 3년으로 정해두었다. 이를 좀 더 구체적으로 살펴보면, 1년간의 학사일정은 대부분 190일 내외이고, 한 학기 동안에 보통 17주의 수업을 한다. 1주에는 30시간, 하루에는 6시간을 공부하게 되어있다. 이렇듯 학생들에게 교육을 위해 사용할 수 있는 시간은 이미 구체적으로 정해져 있다.

학교는 주어진 1년의 수업일 수, 한 학기 동안의 수업 시간, 하루의 수업 시간 동안 학생들에게 가장 필요하고 중요한 것을 배우도록 교육과정을 정교하게 설계한다. 그리고 이 교육과정은 주간 단위의 시간표 형태로 간략히 정리해 학생들에게 제시한다. 학교는 이 시간표에 따라 학생들을 가르치면서 학업적 성취는 물론 정신적 성장과 건강한 생활을 이끌어 나가야 한다. 그래서 교육과정은 학교 교육을 이해하는 가장 핵심적인 자료이다.

올바르게 이해하고
지속적으로 모니터링하라

각급 학교(各級學校·법률로 규정한 국공립
학교. '초·중등 교육법'에 따른 초등학교·공민학교, 중학교·고등 공민학교, 고등학교·고등 기술 학교, 특수 학교, 각종 학교, '유아 교육법'에 따른 유치원이 이에 해당)의 교육과정은 국가의 철저한 관리로 진행된다. 각급 학교의 교육과정은 교육부에서 제정하여 각 시도 교육청으로 전달되며, 시도 교육청은 각급 학교가 시행할 교육과정의 편성 운영 지침을 만들어 각급 학교에 제시한다. 각급 학교는 교육청으로부터 전달받은 교육과정의 편성 및 운영 지침에 의거하여 각급 학교의 특성을 반영해 개별 학교의 교육과정을 만들어 운영하도록 한다. 이 교육과정에 의하여 각급 학교의 교사들은 학생을 지도하고 교육해야 한다.

이렇듯 학생들의 올바른 성장과 역량 함량에 있어 무척 중요한 의미가 담긴 것이 교육과정인 만큼 미리 정해둔 교육과정을 제대로 운영하는 것이 중요하다. 그런데 안타깝게도 정작 교육 현장에서는 교육청에 제출되어 있고 학교의 문서에 분명하게 제시된 교육과정을 문서와 다르게 수업하는 파행이 종종 일어난다.

교육과정이 파행적으로 이루어지게 될 가능성이 큰 시기가 고등학교 3학년 때이다. 수능에 응시하여야 할 학생들에게 수능 이외의 과목은 중요하게 여겨지지 않기 때문에 수능 과목으로 대체한다든가, 수능 과목이라 할지라도 그 학기에 배워야 할 내용이 아닌 수능의 문제풀이를 하면서 수업이 운영되는 것이다. 심지어 교육과정이 갖는 교육적 의미를 잘 알지 못하는 학생과 학부모들은 오히려 파행적인 교육과정 운영을 통해서라도 현실적인 수능 준비를 원하는 경우도 많다.

이런 교육과정의 파행을 막고, 나아가 우리 아이에게 꼭 필요한 교육이 제공되도록 이끌려면 학부모들이 자녀의 수업 시간표만 볼 것이 아니라 수업 시간표를 작성하는 기준과 방향이 되는 학교 교육과정 문서를 읽어봐야 한다.

우리나라 학교 교육을 발전시키려면 학부모는 물론 일반 시민들도 학교의 교육과정에 관심을 가져야 한다. 학부모나 일반 시민이 교육과정을 만드는 과정에 직접 참여할 수는 없으나 최소한 깊은 관심과 지속적 감시 활동은 가능하다. 물론 감시를 위한 감시가 아닌, 학교 교육을 올바른 방향으로 이끄는 진정성 있는 감시 활동이어야 한다.

이를 위해서는 교육과정을 읽고 이해하는 교육과정 문해력, 즉 '교육과정 리터러시'의 수준을 높여야 한다. 글로벌 미래인재 육성에 꼭 필요한 수업과 활동이 그 학교의 교육과정에 있는가를 알아보고, 부족하다면 당당하게 그것을 요구할 수 있는 수준이 되어야 한다. 또 그 학교의 교육과정이 좋다고 판단 되면 그 교육과정을 제대로 수행하고 있는지를 모니터링할 수 있는 수준이 되어야 한다.

내 아이가 다니는 학교이고, 머지않은 미래에 사회로 나와 사회구성원으로서 제 역할을 해낼 내 이웃의 아이들이 다니는 학교이다. 공동체적 소명으로 학교의 교육과정에 적극적인 관심을 가지고 더 나은 방향으로 이끈다면 우리나라의 학교들이 점점 더 질 높은 교육을 할 수 있게 될 것이다. 그리고 이를 통해 우리들의 이상과 바람인, 사교육 없이 학교 교육만으로도 인성교육과 진학교육이 다 이루어지는 세상과 만날 수 있다.

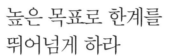

높은 목표로 한계를 뛰어넘게 하라

내가 고등학생이던 시절엔 다들 교복을 입고 명찰을 달아야 했다. 명찰은 서로의 이름을 알게 해주는 장점도 있지만, 나의 의사와는 무관하게 신분을 노출해야 한다는 단점도 있다. 일제 강점기의 잔재 중 하나인 명찰은 잘못을 저질렀을 때 얼른 신분을 파악해 통솔하기 위한 수단으로 활용되기도 했다.

나의 모교인 보성고등학교의 선생님들은 우리에게 명찰을 달지 않도록 하셨다. 선생님들께서는 "너희들 모두는 자랑스러운 보성인이다. 우리는 너희들을 절대적으로 신뢰한다."라고 말씀해주셨고, "바로 너희들이 3·1운동의 줄기를 이어가야 힐 나라의 지도

자들이다."라고 강조하면서 우리의 자긍심과 사명감을 북돋아 주셨다.

내가 졸업한 보성고등학교는 1905년 을사조약 체결 이후 절박해지는 국내외 정세에 대응하여 인재 양성을 통한 교육구국(教育救國)을 목적으로 독립운동가 이용익 선생께서 설립하셨다. 이런 설립의 역사적 의의가 크다 보니 선생님들은 늘 제자들에게 민족과 국가를 위해 무언가를 해야 한다는 사명감을 심어주셨다. 이런 이유로, 우리는 보성고등학교의 교복을 입는 것만으로도 자부심을 느꼈다. 학교가 우리에게 부여한 '3·1운동의 정신을 이어나갈 지도자'로서의 사명감을 교복을 통해 느꼈기 때문이다.

오랜 세월이 지난 지금도 나는 보성고 출신으로서의 자부심을 품고 있다. 민족정신을 이어가는 학교의 학생이라는 자긍심 때문만은 아니다. 3년 동안 학교에 다니면서 선생님들이 설정해 준 높은 목표에 도전하고, 어렵지만 하나씩 성취해 나갔던 경험이 주는 성취감과 자긍심 또한 무척 컸다.

명문고가 최고의 학생들을 키워내는 비결은 바로 이러한 '하이 익스펙테이션(high expectation, 높은 기대감)'에 있다. 모름지기 명문고라고 하면 학생들에게 성취하기 어렵다고 느낄 정도의 높은 목표를 설정해 주고, 도전을 통해 한계를 극복하고 성장하게 이끌어야 한다.

하이 익스펙테이션으로
도전의식을 자극하라

'하이 익스펙테이션'은 명문 학교만이 아니라 평범한 학생들로 구성된 학교일수록 더 필요하다.

충남삼성고는 충남의 보통의 학생들로 구성된 학교이다. 나는 충남의 평범한 학생들에게 다소 버겁게 느껴지는 높은 목표설정으로 도전의식을 자극하고, "너는 잘할 수 있을 것이다. 해낼 수 있을 것이다"라는 기대와 함께 학생들을 믿고, 대학생들처럼 모든 과목을 스스로 선택하게 했다. 충남삼성고 학생들은 주위의 기대와 자신을 향한 믿음으로 마침내 목표를 이루어 좋은 성과와 성적으로 주위를 놀라게 하곤 했다.

하이 익스펙테이션은 꼭 성적에 국한되지 않는다. 인성과 태도 교육에 있어서도 기준 이상의 기준을 설정해 준다. 그 예로 과거 민사고 초기 시절, 학교는 학생들에게 한복을 입히고 사모를 쓰게 했다. 가뜩이나 익숙하지 않은 한복 생활에 사모까지 쓰고 생활하게 하니, 아이들의 불만이 이만저만이 아니었다.

하지만 학교 측은 막연히 불편함을 감수하라는 강요가 아닌 "너희들이야말로 우리의 역사와 전통을 지켜나갈 마지막 보루다. 너희들이 이것을 하지 않으면 누가 하겠는가."라는 하이 익스펙테이션을 통해 학생들의 가슴에 자부심을 심어주었나. 덕분에 학생들은 이전까지 불편하게 느꼈던 한복과 사모 착용을 오히려 자랑스러워했다.

외대부속외고에서 영어의 상용화가 정착될 때도 하이 익스펙테이션은 유효했다. 당시만 해도 한국의 고등학교에서 영어 상용을 한다는 것은 불가능에 가까운 일이었다. 외대부속외고 개교 초기에 영어 상용이 제대로 실행되지 않아 고민에 빠진 적이 있었다. 하지만 영어 상용은 처음부터 잘 되기 때문에 하는 것이 아니라, 처음엔 못 하더라도 점점 더 잘하게 되는 것이기에 초기의 좌충우돌을 감내하면서라도 끝까지 해내야만 했다.

"밖에서는 다들 우리 학교가 영어 상용을 하는 것으로 아는데, 이렇게 제대로 실천하지 못할 바에야 차라리 폐지하자."

영어 상용에 대한 학생들의 의지와 열정을 더 끌어내기 위해 나는 초강수를 두었다. 예상대로 아이들이 펄쩍 뛰었다. 꼭 영어 상용을 이룰 테니 제발 폐지만은 하지 말라는 것이다. 그렇게 학생들 스스로 노력하여 지금의 EBC(English Based Campus)가 자리를 잡아 갔다. 외대부고는 아직도 공식적인 행사를 할 때 영어로 진행하는 전통을 이어오고 있다.

교복은 하이 익스펙테이션의 대표적인 상징이라고 볼 수 있다. 그 학교의 교복을 입는다는 것은 그 학교가 요구하는 모든 높은 목표를 뛰어넘었다는 자부심이기 때문이다. 이런 자부심을 그대로 담아내기 위해 명문고들은 교복 디자인에도 공을 들인다.

외대부속외고는 한국 최고의 디자이너 앙드레 김에게 디자인을 의뢰해 지금까지 보았던 어떤 교복과도 다른 화려하고 세련된 고급 이미지의 교복을 탄생시켰다. 또 민사고가 교복으로 한복을 택한 것은 민족의 지도자가 될 아이들인 만큼 민족 주체성에 대해 많은 생각을 하고 몸가짐을 정갈하게 하라는 뜻이었다.

충남삼성고는 학생들에게 높은 품격을 갖추도록 이끌기 위해 '정장데이'를 정해두기도 했다. 정장데이인 월요일과 목요일엔 선생님들도 넥타이를 매는 정장을 갖춰 입고, 학생들도 넥타이와 스카프를 착용하고 구두까지 신으며 단정한 정장을 입는다. 옷차림과 행동에 품격을 갖춤으로써 스스로 자존감을 높이도록 이끄는 학교 문화 중 하나이다.

내가 사는 충남 아산시에는 세계 초일류 기업인 삼성의 여러 기업이 상주하고 있다. 특히 아산시와 삼성전자가 함께 조성한 21세기형 대규모 첨단산업단지는 아산을 세계 제1의 디스플레이시티로 자리 잡게 해주었다. 여기서는 세계 각국의 사람들이 사용하는 핸드폰과 TV 화면에 쓰이는 모든 액정과 모니터가 생산된다.

삼성은 이제 명실상부한 세계 TOP 브랜드가 되었다. 1993년 고 이건희 회장의 프랑크 푸르트 선언 이후 1994년에 삼성이 설정했던 세세 초일류 기입이라는 딩시의 '하이 익스펙데이션'이 이젠 현실이 된 것이다.

지금 내 아이가 다니는 고등학교가, 혹은 진학을 고려하는 고등학교가 아이에게 어떤 하이 익스펙테이션을 요구하는가는 무척 중요한 문제이다. 이는 학교의 막연한 바람이 아닌 내 아이의 성장을 위한 훌륭한 자극제이자 최고의 영양제가 된다. 학교가 요구하는 하이 익스펙테이션이 어려워 보일수록, 불가능해 보일수록 아이는 크게 성장할 것이며, 그만큼 학교에 대한 애착과 자부심도 커질 것이다.

삼성이 해냈듯이 이젠 대한민국의 교육이 세계 교육의 표준이 될 것이라는 하이 익스펙테이션에 대한 비전과 확신을 품고, 하나하나 실천해 나간다면 이 꿈 역시 머지않은 시간에 이루어지리라 믿는다.

학교에도
국제적 인증이 필요하다

디지털 기술의 발달로 세계가 실시간으로 연결되어 소통하고 있다. 나이도 국경도 언어도 장벽이 될 수 없는, 그야말로 초연결 글로벌 사회가 열린 것이다. 이는 내 아이가 꿈을 펼칠 무대가 한국이나 아시아로 제한된 것이 아닌 전 세계 모든 국가라는 의미이며, 준비해야 할 역량 또한 글로벌 수준이어야 함을 의미한다.

이러한 사회변화에 따라 학부모들은 내 자녀가 다니는 학교가 국제적 수준의 교육을 해주기를 기대하고 있다. 시대의 변화에 능동적으로 대응하며 미래사회를 이끌 역량을 키워줘야 할 교육이 오히려 그 한계를 드러내며 뒤처지는 현상을 보이자, 근본적인 교육 혁신과 더불어 글로벌 수준에 부응하는 교육 프로그램의 도입을 희망하는 것이다.

현재 세계 공통 교육 프로그램으로 세계가 가장 주목하는 것이 IB이다. IB(International Baccalaureate)는 비영리 교육재단인 국제 바칼로레아 기구(IBO: International Baccalaureate Organization)에서 개발하여 운영하는 국제 표준 교육과정을 의미한다. 1968년에 고등학교 국제 공통 교육과정인 IBDP(International Baccalaureate Diploma Programme)로 시작된 IB 프로그램이 2000년대에 들어서면서 급격하게 증가하여, 현재는 유·초등학교 교육 프로그램인 PYP(Primary Years Programme), 중학교 프로그램인 MYP(Middle Years Programme), 취업계 고교 프로그램인 IBCP(International Baccalaureate Career Programme)를 제공하고 있다. 2021년 11월 기준으로 전 세계 159개 국가의 5,400개 학교에서 IB를 도입하여 운영하고 있으며, 그 수는 해마다 증가하고 있다.

이중 고교 프로그램인 IBDP는 세계 공통의 대학입시 자격을 주는 일종의 학위 프로그램이다. 현재 세계의 많은 대학에서는 IB 교육을 받고 IB 디플로마를 취득한 학생들의 역량을 인증하여 대학 전형요소로 활용하고 있다. 이는 IB가 글로벌 기준에 부합하는 미래인재를 키워내는 가장 신뢰할만한 프로그램이라 판단하기 때문이다.

IB는 능동적인 학습을 통해 창의성과 사고력, 문제 해결 능력 등 시대가 요구하는 글로벌 미래역량을 함양할 수 있으며, 학습의 난이도 또한 무척 높아서 미국은 물론 모든 유럽 국가와 호주, 캐나다 등의 대학에서는 세계에서 가장 어려우면서도 가장 공신력이 뛰어난 교육 프로그램으로 인정하고 있다. 그래서 IB 디플로마 과정은 웬만한 명문 고등학교가 아닌 이상 공급되지 않는다. 교육의 수준이 높은 만큼 그에 맞는 역량을 갖춘 교사를 확보하기가 쉽지 않기 때문이다.

특히 IBDP는 능동적인 학습을 통해 학생들이 창의성과 사고력, 문제 해결 능력 등 시대가 요구하는 글로벌 미래역량을 함양하도록 해준다. 그리고 대학 생활에서 요구되는 고등사고 능력과 학문 수행능력을 갖추도록 이끌어주어 미국은 물론 모든 유럽 국가, 최근에는 아시아권 대학에서도 가장 공신력이 뛰어난 교육 프로그램으로 인정받고 있다. 그래서 우리나라 대학에서도 IBDP 졸업자들에 대한 입시 정책을 준비하고 있다.

미래인재 육성에 적합한
'과정 중심'의 프로그램이다

나는 2000년도에 접어들면서부터 당

시 우리나라에는 거의 알려지지 않은 IB에 관심을 두고 공부를 해왔다. 초등학교, 중학교, 고등학교에 대한 '국제적 인증제도'라는 점이 무척 인상적이어서 IB에 관심을 두게 되었는데, 더 깊이 알아갈수록 IB가 갖는 교육적 의미에 빠져들지 않을 수 없었다. 이후 고려대학교 박사과정에 입학하여 IB에 관한 본격적인 연구를 하게 되었다. 경기외고의 교장으로 취임하면서 바로 IB의 도입을 추진하여 2010년 국내에서는 최초로 IB를 도입하여 실행할 수 있게 되었다.

내가 경기외고에 IBDP를 도입한 것은 IB가 우리나라 교육을 대체할 만큼 대단한 것은 아닐지라도 최소한 우리나라에도 국제 표준이자 국제 공인 교육과정을 운영하는 학교가 있어야 한다는 생각에서다. 그런데 그보다 더 중요한 것은 이 프로그램이 교과 간의 균형, 교과와 비교과와의 균형을 통해 전인적인 성장을 이루어 낼 수 있기 때문이다.

IB는 글로벌 미래인재의 육성에 가장 적합한 과정 중심의 프로그램이다. IB는 IBO에서 정한 기준의 과정을 이수하지 않으면 시험을 볼 자격 자체가 주어지지 않는다. 11학년과 12학년 2년 동안 6개 교과 영역의 한 과목씩을 지속하여 학습해야 하고, 교과목 수강만이 아니라 TOK(Theory of Knowledge)라 하여 '공부에 대한 공부'를 먼저 할 수 있도록 유도한다. 졸업 때까지 반드시 한

편의 논문(Extended Essay)도 제출해야 한다.

IBDP가 갖는 가장 중요한 전인교육적 요소로 CAS(Creativity, Activity, Service)가 있다. IBDP의 이수증을 받으려면 2년 동안(총 150시간) 매주 일정 시간 창의력을 요하는 교외활동(Creativity), 육체적 활동을 요하는 교외활동(Action), 사회에 공헌하는 교외활동(Service)을 하게 한다. IBDP는 결과가 아닌 전인적 성장에 필요한 과정 중심의 교육이기 때문이다.

실제로 우리나라 교육 현장 안에 국제적 공인 교육제도가 시행되는 것을 지켜보면서 IB의 장점이 우리 교육에 좋은 영향을 미친다는 것을 확인할 수 있었다. 그리고 이를 시행하는 학교가 점점 늘어나면 좋겠다는 바람을 품게 되었다.

그런데 IB는 우수한 교육과정에 대한 명성만큼이나 개별 학교에 도입하는 과정도 엄격하고 깐깐하다. IB 교육은 IB 학교로 인증을 받은 학교에서만 시행할 수 있다는 규정이 있다.

학교가 IB 교육이 좋다는 판단하에 IB 도입을 결정하면 그때부터 최소 2년 반의 승인 과정을 밟게 된다. 우선 IBO는 IB 월드 스쿨이 되려는 학교에 대하여 1차 방문하여 교육과정, 수업, 평가, 학교 시설에 대한 국제적 기준을 안내하고 조언을 해준다. 이 컨설팅 기간에 해당 학교는 처음으로 자기 학교의 교육이 국제적 수준이 되기 위해 무엇을 준비해야 하는지를 배우게 되는 귀중한 경험을 하게 된다.

컨설팅을 통하여 개별 학교에서 IB 교육을 할 수 있는 준비가 다 되었다고 판단이 되면 IB 월드스쿨 인증 신청을 하게 된다. 그러면 마지막으로 IBO에서는 IB 교육 최고 전문가를 개별 학교에 파견하여 이틀 동안 학교 경영진과의 미팅, IB를 지도할 교사와의 인터뷰, 학생 및 학부모와 인터뷰를 한다. 그리고 학교의 교육 시설을 아주 꼼꼼하게 살핀다. 이후 본부 책임자와 함께 그 학교를 IB 월드스쿨로 인증할 것인가를 결정하여 개별 학교에 통보한다. 이런 3년 정도의 과정을 거치게 되면 그 학교는 전 세계가 인정하는 IB 월드스쿨의 자격을 얻게 된다.

이렇듯 오랜 기간 엄격하고 깐깐한 관리 과정을 거치고서야 비로소 IB 월드스쿨의 자격을 부여하는 이유는 IB 교육에 대한 품질 관리, 즉 전 세계 모든 IB 월드스쿨이 우수한 퀄리티의 국제적 교육을 한다는 신뢰를 주기 위해서이다.

2010년 우리나라 최초로 경기외고에서 IB 월드스쿨 인증을 받고 10년이 지났으나 아직도 두 번째 IB 월드스쿨이 탄생하지 못했다. 이는 우리나라의 학교 교육 행정 시스템이 이런 길고도 깐깐한 월드스쿨 인증 과정을 진행하기엔 현실적으로 여러 어려움이 따르기 때문이다.

단위 학교에서 IB 교육의 시행을 결정하고 이 교육팀이 구성되면 약 3년간 인사에 변동이 있으면 안 된다. 또 교육청이나 법인에서의 한결같은 지원이 뒷받침되어야 한다. 이런 과정과 노력을 백년대계를 위한 최소 3년간의 집중 투자라고 생각하는 교육적 마인드가 필요한 것이다.

그나마 반가운 것은, 현재 대구와 제주에서 공립학교를 중심으로 IB 학교 인증이 현실화되고 있다는 점이다. 고등학교 과정인 IBDP만이 아니라 중학교 과정인 MYP, 그리고 초등학교 과정인 PYP 학교도 생겨나고 있는 고무적인 소식들이 이어지고 있다. IB 프로그램 중 PYP와 MYP는 IB의 후보학교 때부터 IB 교육을 할 수 있어서 1년 정도의 준비로 IB 교육이 가능하다.

IB의 교육 프로그램이 우리나라 학교 교육의 모든 문제를 해결해 줄 수 있는 만능키는 아니기에 우리나라 공교육에 전면 실시를 한다는 것은 현실적으로 가능하지 않다. 우리나라 학교 교육이 세계 교육의 흐름에 뒤처지지 않고 글로벌 미래인재 육성을 위한 체제를 갖추기 위해서는 각 시도에 IB를 시행하는 학교가 세워질 수 있도록 적극적으로 지원해줄 필요가 있다. 전국적으로 글로벌 교육을 하는 학교가 많아지면 우리 교육의 글로벌화와 선진화의 촉매제 역할을 할 수 있을 것이기 때문이다.

수동적 학습자가 아닌
능동적 연구자를 육성하라

영국의 생물학자 토마스 헉슬리는 "모든 것에서부터 중요한 것을 배우려고 노력하고, 중요한 것에서 모든 것을 배우려고 노력하라."라는 명언을 남겼다. 이를 교육에 적용한다면, 폭넓은 일반 지식을 가르치되, 한 분야에 관한 깊은 연구 교육이 병행되어야 한다는 의미로 연결된다.

K-세계인은 풍부한 교양 지식과 더불어 자신만의 깊이 있는 전문 지식으로 무장한 사람이다. 요즘은 인터넷으로 많은 정보를 얻을 수 있는 만큼 조금만 노력하면 풍부한 교양 지식을 갖추는 것은 그리 어렵지 않다. 그런데 깊이 있는 전문 지식을 갖추기 위

173

해서는 학생 본인의 노력은 물론이고 학교의 학습 환경 또한 뒷받침되어야 한다. 즉, 학교는 다양한 지식 채널을 만들어 학생 스스로 학습의 주제를 선택하고 깊이 있게 연구할 수 있는 충분한 환경을 제공해주어야 한다.

학문의 전당인 대학에서는 학사나 석사, 박사학위를 수여하는 조건으로 자신의 생각과 주장이 담긴 논문을 요구하고 있다. 또 기업에서는 소비자에게 선택받기 위해 신제품 또는 새로운 앱 개발에 필요한 연구와 실험에 심혈을 기울이고 있다. 그렇다면 이러한 대학과 기업에 맞닿아 있는 고등학생들에게도 지식과 정보를 생산하는 힘을 길러 주는 것이 학교의 역할일 것이다.

지식과 정보를 생산하는 공부가 돼야 한다

흔히들 학생은 지식과 정보를 공급받는 소비자라고 생각한다. 이는 시대에 한참 뒤떨어진 생각이다. 학생은 지식과 정보를 공급받는 소비자인 동시에 다시 새로운 지식과 정보를 창조해내는 생산자가 될 수 있다. 물론 질적인 면에서 한계는 있을 수 있다. 그러나 교육이 제대로 이끌어만 준다면 학생은 자신이 관심을 두는 분야에 깊이 있는 공부를 통해 충분히 퀄리티 있는 새로운 지식과 정보를 생산해낼 수 있다.

학교는 학생들이 지식과 정보의 소비자로 머물지 않고 '지식과 정보의 생산자'가 될 수 있도록 적극적인 학습자로 키워야 한다. 이미 우리 생활 가까이에 와있는 4차 산업혁명 시대를 능동적이고 적극적이게 살아갈 수 있는, 개발자이자 생산자로서의 기초와 역량을 길러내는 교육을 해야 한다.

이러한 시대적 요구와는 달리 대부분의 학교가 학생들에게 학습의 성취수준을 확인하는 방법으로 시험을 통한 '평가'에만 머물러 있다. 평가는 수동적이고 수용적인 학습자로서의 실력을 확인하는 데는 의미가 있을지 모르나 적극적 학습자, 나아가 지식의 생산자이자 연구자가 되는 역량을 키우는 방법으로는 무척 미흡하다.

물론 소논문을 졸업 자격 취득의 필수과정에 두어 학생들을 지식의 생산자이자 연구자로 키우는 글로벌 선진 고등학교들도 있다. 그 대표적인 것이 IB 월드스쿨로 운영되는 고등학교들과 우리나라의 충남삼성고이다.

IB에는 EE(Extended Essay)라는 제도를 두어 대학에서의 연구 활동을 위한 실질적 준비를 시키고 있다. EE는 학생이 자신이 배우는 여러 과목 안에서 더욱 깊이 있게 연구할 주제를 설정하여 영어 단어 4,000자 이상을 사용해 소논문을 작성하는 제도이다.

학생은 논문 작성에 적절한 주제를 선정한 후 풍부한 자료조사와 연구를 통해 자신만의 주장과 결론을 완성하는, 대략 40시간에 이르는 일련의 과정을 거친다. 이때 선생님으로부터 적절한 조언과 지도를 받을 수 있다. 소논문을 작성한 후에는 자신의 논문을 인터뷰 형식으로 선생님에게 간략하게 설명하는 과정을 거침으로써 EE를 마무리 짓는다. 단, EE는 IBDP를 취득하기 위한 필수 코스이기에, A부터 E까지의 점수 중 가장 낮은 E를 받으면 IBDP를 취득할 수 없다.

한편 충남삼성고에서는 학생탐구활동을 의무화하여 2학년까지 '1학생 1소논문' 작성을 하도록 지도한다. 학생은 1학년 2학기가 되면 자신의 꿈을 이룰 진로를 정하게 되고, 그에 맞는 교육과정을 결정하게 된다. 2학년이 되면 진로에 맞춘 자신만의 맞춤형 시간표에 따라 공부하게 되는데, 이때 대부분 자신의 관심을 끄는 특정 분야와 주제를 만나게 된다.

학교는 학생이 스스로 발견한 주제와 관심 분야에 대하여 집중할 기회를 만들어 주는데, 이것이 바로 1인 1능(1人1能)이라 불리는 연구 성과물 제출 프로그램이다. 2학년이 된 모든 재학생은 자신이 수강하는 과목의 내용 중 가장 관심 있고 흥미 있는 분야에 대한 주제를 정하여 7개월 이상 준비하고, 이 연구 결과물을 제출한다. 연구 논문 외에도 공학, IT, 예술 과정의 학생들은 자신의 아이디어와 창의력이 들어간 창의적 산출물을 제출할 수 있고, 인문학 과정의 학생들은 단편 소설 이상의 작품을 제출하는 것도 가능하다. 이때 모든 결과물은 반드시 학교 지도교사의 도움을 받아야 하고, 교내 학생들과의 공동 연구만 허용하고 있다. 외부 교수나 교사, 또는 외부 인사의 도움을 받아 작성하는 것은 원칙적으로 금하고 있다.

논문은 국제인문, 사회과학, 경제경영, 예술체육, 자연과학, 생명과학, 공학 IT 분야 등 다양한 영역에서 주제 선택이 가능하고, 연구 주제에 따라 지도교사를 배정받아 자신의 연구 진행 상황에 대해 자문받고 확인도 받는다. 그리고 한 학생이 독자적으로 쓰는 소논문도 있지만, 가능한 2~3인의 공동 연구를 권장하고 있다. 협업을 통한 팀 연구를 강조하고 있기 때문이다. 미래사회에서는 한 사람의 아이디어나 능력보다는 협업이나 통섭이 중요하기 때문에 가능한 다른 과정에 있는 학생들과 협업하며 융합할 수 있는 주제로 연구할 수 있도록 지도하는 것이다.

고등학생의 연구 및 창작 결과물이라 대학생의 논문이나 연구 결과물에는 미치지 못하겠지만 학생은 이 과정을 통해 연구자이자 지식과 정보의 생산자로서의 소중한 경험을 하게 되고 역량을 익히게 된다.

굳이 소논문제도가 아니더라도 학교는 학생들이 수동적인 학습자가 아닌 수업의 주체이자 능동적 학습자가 되어 지식과 정보를 적극적으로 생산할 수 있는 역량을 키워 주어야 한다. 또 학생들이 특정 주제에 관해 탐구하여 연구물을 스스로 작성하는 '몰입'의 과정을 통해 막연하게 선택했던 진로에 더 큰 관심과 확신을 가질 수 있도록 이끌어주어야 한다.

고등학교에서 공부는 대학 입학을 위한 공부가 아니라 대학에서의 연구를 위한 공부, 나아가 사회에서의 지식과 정보를 생산하는 공부가 돼야 한다. K-세계인이 갖춰야 할 역량으로 논리력, 사고력, 창의력, 문제 해결 능력 등 지식과 정보의 능동적 생산자로서의 역량이 더욱 강조되는 만큼 고등학교에서도 이에 걸맞은 훈련이 필요하다.

학교 교육은
교사가 답이다

내가 민사고에 근무하던 때에, 설립자인 최명재 이사장은 '교사 선택제도'를 시행했다. 즉, 학생이 각 과목을 어느 선생에게 배울지 스스로 선택하게 한 것이다. 이사장은 "선택받지 못한 선생에게는 월급은 다 주겠지만, 수업은 주지 않겠다!"라고 했다. 그해 정말로 학생에게 선택받지 못한 교사가 나왔고, 그 교사는 수업 없이 한 학기를 보내야 했다.

최 이사장은 그 교사에게 "수업이 없는 대신 실컷 공부하고 연구하시오!"라고 했다. 그리고 교사의 수준을 국제화해야 한다면서 외국 유학비를 지원하기도 했다. 모든 학교에 적용하기에는 어려움이 있는 극단적 방침이었지만, 회사를 경영하던 이사장의 시각에서는 교육 소비자에 부응하지 못하면 생존이 어렵다는 것을 보여주려는 나름의 초강수였을 것이다.

2007년, 미셸 리(Michelle Rhee, 한국 이름 이양희)는 38세의 나이로 미국 내 공교육 실패의 대표 지역인 워싱턴 DC의 교육감으로 취임하여 과감한 교육 개혁을 단행하였다. 그가 시행한 교육 개혁의 효과는 2년도 채 지나지 않아 나타났다. 미국을 통틀어 전국의 꼴찌였던 워싱턴 DC의 교육 수준을 최상위권으로 올려놓았을 뿐만 아니라 워싱턴 교육의 질을 전체적으로 향상시켰다.

그의 성공적인 교육 개혁은 전 미국인의 관심을 끌게 되었고, 2008년에는 유명한 시사주간지 〈타임(TIME)〉과 〈뉴스위크(NEWSWEEK)〉의 표지 모델로 선정되면서 관련 내용이 심층적으로 보도되기도 했다.

당시 그가 단행했던 교육 개혁의 핵심은 '우수교사 발굴과 무능교사 퇴출'이었다. 실제로 그는 시 전체의 15%에 해당하는 21개 학교를 폐쇄하고 교장 36명, 교사 270명을 퇴출하는 고강도의 개혁을 단행하였다. 미국의 교원노조는 "성적이 모든 것을 말해주는 것은 아니다."라며 비판했지만 자신의 신념을 굽히지 않았다. "모든 학생은 우수한 교사로부터 교육을 받을 권리가 있다."라는 전제하에 무엇보다 교사의 역량을 높이는 데에 집중했다.

수업의 품질 관리와
피드백하는 체제가 필요하다

우리나라 역시 더 나은 교육을 위한
시도와 정책 제안은 끊임없이 이어져 왔다. 그러나 교사가 변하지
않으면 아무 소용이 없다. 교사가 되기 위한 공식적 진입 관문인
교사임용고사는 고시라 불릴 만큼 높은 수준의 역량을 요구한다.
이렇듯 세계 최고 수준의 역량을 갖추고도 실제 교육 현장에서는
이를 제대로 활용하지 못하고 있다. 이는 교육 시스템의 문제도
있으나 교사 자신의 마음가짐의 문제도 크다.

교사는 자격을 갖추는 순간부터 62세까지의 지위가 보장되며,
퇴직 후에도 직업군 중에서 최상위의 연금체제를 갖고 있다. 교육
에 더욱 집중하고 충실할 수 있도록 국가가 직업적 안정을 보장
해주는 것이다. 그런데 이러한 직업적 안정성은 긍정적인 면만 있
는 것은 아니다. 교사로서의 전문성을 유지하기 위해 더욱 노력
하고 발전해야 한다는 측면에서는 부정적으로 작용하기도 한다.
이는 가만히 있어도 먹을 것이 주어지는 환경에서 굳이 힘들여서
사냥하지 않으려는 심리와 크게 다르지 않다.

우리나라는 교사가 교감이나 교장으로의 승진, 그리고 전문직
원(장학사 연구사) 수석 교사로의 승진을 원하지 않는 이상 누구도
그의 교육 활동에 개입할 수 없다. 잘하면 더없이 좋은 것이고 기

대에 부응하지 못해도 어쩔 수 없다. 임용고시를 통과하고 교사 자격을 취득한 이상 누구도 그의 실력과 노력에 노골적인 불만을 표현할 수 없다.

상황이 이러하다 보니 30년 경력을 지닌 교사와 이제 갓 교사가 된 20대 초보 교사가 교육 활동 퀄리티에 큰 차이가 없다는 점이 문제가 되기도 한다. 30년 경력의 요리사와 이제 막 자격증을 따고 요리사가 된 사람의 요리 실력이 같다면 누가 굳이 오랜 경력자의 요리를 찾겠는가. 30년 경력을 가진 사람에게 기대하는 실력이 있을 것인데, 거기에 부응할 만큼의 노력을 하지 않고 그저 시간만 보낸다면 요리사 개인은 물론이고 요리업계의 발전은 요원해질 수밖에 없다.

교육도 마찬가지다. 30년이라는 경력의 교사에게는 그만큼의 우수한 실력을 기대한다. 게다가 주위의 기대와는 별개로 교사 자신도 그 긴 시간에 걸맞은 실력을 향상해야 한다. 그런데 현실에서는 교육 활동의 퀄리티에 별 차이가 없을 뿐만 아니라 심지어 타성에 젖어 실력이 저하되기도 한다.

이러한 문제를 해결하려면 교육 활동 퀄리티에 대한 노력을 교사 개개인의 재량에만 맡길 것이 아니라 제도적 장치로 보완해줄 필요가 있다. 교사가 제공하는 수업의 품질을 관리하고 피드백하는 체제를 갖춰야 한다.

우리 아이들이 급변하는 글로벌 환경에 능동적으로 대응하는 미래형 인재로 성장하려면 그에 걸맞은 역량을 갖추는 일이 절대적이다. 이런 이유로 그 어느 때보다 학교 교육의 개선이 절실하다는 목소리가 크다. 특히 코로나 상황으로 원격수업이 진행되면서 교사들이 제공하는 수업의 수준과 질을 학부모들도 함께 체험할 수 있게 되었다. 우수한 실력에 고개가 끄덕여지는 교사도 있겠으나 기대에 미치지 못하는 수업에 실망하게 되는 교사도 분명 있을 것이다. 이러한 교사 개인의 능력 차는 학생 개인의 실력 저하는 물론 대한민국 전체 교육의 질을 떨어뜨리게 하는 요인이 된다. 더군다나 사교육 없이 공교육에만 의존해야 하는 학생의 경우에는 퀄리티 떨어지는 수업에만 의존하여 미래역량을 키워가야 하니 이 얼마나 답답한 노릇인가!

교사자격증 하나로 30년 이상을 아무런 노력 없이 버텨내던 시대는 이미 끝났다. 최명재 이사장, 미셸 리와 같이 무능 교사 퇴출이라는 강도 높은 요구가 우리 교사 각자에게 닥치기 전에 내가 가르치는 과목만큼은 절대 다른 곳에서 배울 필요가 없는 수준으로 끊임없이 자신의 역량을 끌어올려야 한다. 다듬지 않아 무뎌지고 녹슨 칼은 어디에도 쓰일 곳이 없다.

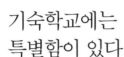

기숙학교에는
특별함이 있다

보딩스쿨, 즉 기숙사제도로 운영되는 학교는 학생들을 건강한 삶의 방식으로 밀고 가는 강력한 힘이 있다. 3년이라는 긴 시간 동안 모든 학기를 친구들과 함께 보내면서 이들은 재미있는 추억을 많이 만들고 강한 우정을 다진다.

그만큼 공동체에 대한 소속감도 높다. 입학 초기 낯선 환경에서 오는 두려움을 극복해 내는 것만으로도 학생들은 한층 더 성숙해지는 경험을 하게 된다.

나는 1996년에 민사고를 시작으로 용인외대부설고, 경기외고를 거쳐 충남삼성고까지 25년간을 직접 보딩스쿨의 힘을 체험하

면서 왜 보딩스쿨이 명문고가 갖춰야 할 중요한 환경 중의 하나
인지 깨달았다.

● 교사와 학생은 밀접한 유대관계가 있다

교사는 낮에 수업을 할 때는 아이들에게 지식을 가르치는 스승
이지만, 저녁이 되면 부모의 역할을 대신하는 보호자가 된다. 그
만큼 보딩스쿨은 공부에서부터 생활의 시시콜콜한 작은 부분에
이르기까지 교사의 관심과 사랑이 닿지 않는 곳이 없다.

심지어 기숙형 국제학교인 글로벌 선진학교(GVCS)에는 '스쿨
패밀리(SCHOOL FAMILY)'라는 제도를 두어 교사 한 명이 학생 7~8
명과 가족 결연식까지 하며 졸업 때까지 한 가족처럼 지내기도
한다. 예민한 청소년기를 지나며 기숙사에서 또 하나의 가족을 경
험함으로써 인성을 갖추며 성장을 할 수 있다.

● 자기관리에 엄격하고 타인에 대한 배려가 깊다

낮 시간에 공부를 하고 저녁이면 집으로 돌아가는 일반 학교와
는 달리, 보딩스쿨의 학생들은 친구들과 함께 생활하면서 사생활
의 일정 부분을 노출하게 된다. 보딩스쿨에서는 학교생활에서나
방과 후 자신의 성격과 습관들을 숨길 수 없다. 생활이 일정하게
오픈되어 있다보니 그만큼 더 엄격하게 자기관리에 신경을 쓰고,

다른 사람을 배려하는 태도를 갖추려 노력한다. 학업이라는 공적인 부분만이 아니라 휴식과 사생활이라는 사적인 부분까지 친구들과 한 공간에서 교류하면서 더 깊은 의미의 공동체를 경험하게 되고, 그에 필요한 소양을 갖추려 노력하게 되는 것이다.

● 24시간 편리하고 편안한 교육 환경을 제공한다

보딩스쿨은 학생들이 24시간 교육적 환경에서 머물 수 있도록 방과 후의 생활까지 학교에서 책임을 진다. 예를 들면 대학입시 준비에 있어 일반 학교의 학생들은 사교육의 도움을 받기도 하지만, 기숙사학교는 모든 준비를 학교 내에서 소화해야 한다. 때문에 수업을 위한 환경만이 아니라 학생들이 방과 후에 스스로 학습할 수 있는 공간에 대해서도 각별하게 신경을 쓴다. 즉, 학생들의 자습 공간, 학생들이 더 깊이 연구할 수 있는 도서관 시설, 일상생활에서의 문제나 진학과 관련한 문제들을 해결해줄 상담 시스템을 갖추게 된다.

충남삼성고에는 진로 진학을 위한 상담실은 물론이고, 학생들의 일상 생활을 위한 상담실도 따로 마련해두었다. 일반 상담실에는 사회복지사, 전문상담사 2명이 상주하며 학생들이 겪을 수 있는 다양한 심리적인 문제나 가정적인 문제 등에 대한 적극적 상담프로그램을 운영하고 있다.

● 다양한 교육적 시도가 가능하다

학생들이 3년 동안 지치지 않고 꾸준히 공부하려면 무엇보다 강인한 체력과 지구력이 요구된다. 24시간 학생들과 함께하는 보딩스쿨은 학생들의 체력을 길러주는 것은 물론이고 인성교육도 꾸준히 실행할 수 있다.

충남삼성고에서는 '모닝스파크'라고 하여 매일 아침 40~50분간의 성찰과 체력단련을 위한 시간을 갖는다. 이 시간 동안 모든 재학생은 일반 피트니스센터에서 하는 PT(Personal Training) 수준의 강도 높은 아침 운동을 한다. 또 아침 묵상과 선생님과의 인사, 올바른 학생상을 확인하는 것도 잊지 않는다. 매일 아침 이러한 일상의 실천을 통해 아이들은 체력과 인성을 겸비한 인재로 성장하고 있다.

또 방과 후의 시간 역시 학교 교육의 연장선 안에 있기에 과외 활동, 봉사 활동 등의 프로그램을 훨씬 다양하게 운용할 수 있으며, 주말에는 주말 스포츠 리그를 개최해 즐겁고 행복한 추억을 쌓기도 한다.

이러한 4가지 특징 외에도 보딩스쿨의 장점은 수없이 많다. 보딩스쿨의 아이들은 일반 학교에 비해 더 많이 공부하고 학구열이 높다. 등하교에 소요되는 시간을 모두 교육적 활동에 쓸 수 있는 데다, 같은 목표를 가진 친구들이 늘 주변에서 서로를 자극하기 때문이다. 그리고 오랜 시간 함께하는 만큼 교사와 학생, 학생과 학생이 서로에 대해 강한 신뢰감을 쌓을 수 있고 학습에 대한 밀착력도 높다. 또 부족한 과목이 있을 경우 학생과 교사가 함께 어떻게 학습할 것인지 대비책을 마련할 수 있다.

이런 많은 장점에도 불구하고 아이를 보딩스쿨에 보낸다는 것은 쉬운 결정이 아니다. 아이가 새로운 환경에 잘 적응할 수 있을지, 가족이 없이 홀로 외로움과 불안감을 견뎌낼 수 있을지도 걱정이다. 게다가 높은 학비에 대한 부담도 있기에 과연 이 모든 것을 감수하고 보딩스쿨을 선택해야 할까 고민이 되는 것이다.

이러한 고민에 충분히 공감하면서도 학생들의 보딩스쿨 생활을 직접 지켜본 입장에서는 충분히 도전해볼 가치가 있다는 생각이다. 부모는 내 아이가 얼마나 강한지 잘 모른다. 아이는 어떤 어려운 상황에서도 이를 이겨낼 수 있는 충분한 힘을 갖고 있다. 걱정을 태산같이 하며 보낸 아이지만, 정작 기숙사 생활에 적응하지 못하고 중도 포기하는 학생의 비율은 전체의 2~3%에 불과하다.

학생 수가 줄어들어 학교의 존폐 위기에 몰린 농어촌 지역의 학교 살리기 운동의 한 방법으로 아주 특색있는 기숙사학교를 운영하는 방안도 모색할 필요가 있다. 대도시에서는 학교 건립에 필요한 넓은 부지를 찾기가 힘들고, 또 최고의 면학 분위기를 조성

하는 데는 도시보다는 시골의 전원적인 분위기가 오히려 도움이
되기 때문이다.

아이의 미래를 준비하는 부모라면 보딩스쿨에 대해 많은 정보
를 모으고, 필요하다면 아이와 함께 직접 학교를 방문해 스스로
보딩스쿨에 대한 꿈을 꾸도록 유도해 보는 것도 좋다. 오랜 시간
떨어져 지내게 되어 서운하고 걱정이 되는 만큼 우리의 자녀는
스스로 서는 힘을 갖게 되고, 함께 있을 때는 미처 느끼지 못했던
부모를 향한 고마움과 애틋함도 더욱 커지게 된다. 무엇보다 청소
년기의 주요 과제는 성인으로서의 독립성, 그리고 민주 시민으로
서의 역량이 필요하기에 부모에 대한 의존도를 줄이면서 아이 스
스로 설 수 있게 해주어야 한다.

수능이 변해야
교육도 변한다

    12년 연속 세계 최고의 공항으로 평가받고 있는 인천국제공항의 상공엔 1년에 한 번씩 비행기가 하늘을 빙글빙글 도는 진풍경이 벌어진다. 이는 다름 아닌, 공항에 도착한 비행기들이 착륙하지 못해 공중에서 대기하고 있는 광경이다.

    세계 각국의 공항에서는 매일 일정한 시각에 비행기의 이착륙이 진행된다. 그런데 인천국제공항에서는 11월 셋째 목요일의 특정 시간만큼은 이착륙에 제한이 있다. 바로 우리나라 대학입시를 위한 관문인 수학능력 시험의 영어 듣기 평가를 치르기 위해서다. 소음을 최소화하기 위해 비행기의 이착륙을 금지하는데, 이때 대부분의 건설현장에서도 작업을 멈추고 군사훈련도 중단한다. 세계 각국의 비행기가 드나드는 인천국제공항이라고 예외는 아니다. 덕분에 외국인들은 세계 어디서도 볼 수 없는 황당한 상황을 맞게 되는데, 오죽하면 세계 유명 언론들은 한국의 수능을 '세상에서 가장 힘든 시험'이라며 조롱 섞인 보도를 할까.

1년에 한 번씩 정기적으로 나타나는 전국적인 이변은 듣기 평가가 진행되는 시간에만 해당하는 것은 아니다. 수능이 치러지는 날엔 모든 공무원의 출근 시간이 9시에서 10시로 변경이 되며 주식 개장 시간도 10시로 변경된다.

이렇듯 수능에 응시한 당사자와 가족은 물론이거니와 국가 차원의 관심과 지원, 일상의 많은 부분의 불편을 감수하며 실시하는 수능은 과연 그럴만한 가치가 있는 평가인가에 대한 근원적인 질문을 던져보아야 한다. 결론부터 말하자면 전 국민을 불편하게 하고, 수능 응시자를 2~3년간 구속하고 있는 이 시험은 그에 상응하는 가치를 지녔다는 평가를 받지 못하고 있다.

고등사고 능력과 창의력을 제대로 평가해야 한다

수능은 11월 셋째 목요일에 치러지는

대학입학을 위한 국가적 차원에서의 고사로서 고사 당일 오전 8시 40분에 시작하여 오후 5시 45분에 종료하게 된다. 수험생들은 1교시엔 국어를 80분 동안 객관식 45문항, 2교시엔 수학을 100분 동안 객관식 70% 단답형 30%로 30문항, 3교시엔 영어를 70분 동안 45문항(듣기 평가 17개 포함), 4교시엔 한국사와 탐구과목을 107분 동안 한국사 객관식 20문항과 탐구 두 과목을 각각 객관식 20문항, 5교시에는 제2외국어 또는 한문을 40분 동안 객관식 30문항을 풀게 된다.

평가 결과의 객관성과 공정성을 위하여 수학의 경우에만 일부 단답형 문제로 제출되고 그 외는 모두 객관식 문제로 구성되어 있다. 국가적 관리하에 공정하게 치러지는 시험인 만큼 수능의 결과가 가장 신뢰성 있는 평가 자료라는 전제로 우리나라 대입에 있어서 가장 중요한 역할을 하고 있다.

수능 시험은 단순히 대학 진학을 위한 평가 자료라는 의미를 넘어 국민의 역량을 개발하는 국가의 인적 개발과 맞물려 있다. 수능이 고등학교 과정의 학업 능력을 평가하는 제도이긴 하지만 학업의 측면에서 보면 초등학교와 중학교의 학습에도 상당한 영향을 미친다. 수능이 어떻게 출제되고 평가되는가에 따라 학교 수업에서의 강조점이 결정되기 때문이다.

이렇듯 국가의 인석 개발이라는 차원으로 의미를 확대하여 생각한다면 더더욱 수능의 역할이 충분치 못한 실정이기에 중장기적 개혁은 불가피할 것이다. 그렇다면 수능이 제 역할을 다하기위해선 어떻게 달라져야 할까?

● 시대가 요구하는 역량을 키우고 이를 평가해야 한다

수능의 시험 문항은 수학에서의 일부 단답형을 제외하고는 모두 객관식으로 구성되어 있다. 즉 대부분의 문제가 답이 명확하게 결정이 되어있고, 응시생들은 그 정답을 찾아내는 구조이다. 이런식의 평가는 학생들이 기억하고 있는 지식, 그리고 그에 기반한응용력의 정도만 평가할 수 있다. 당연히 학교에서의 수업 또한그에 맞춰 진행된다. 이런 지적 역량은 속도를 중요하게 생각했던산업화시대 또는 3차 산업혁명 시대까지는 유용할 수 있었다.

그러나 혁신과 창조, 불확실성으로 상징되는 4차 산업혁명 시대에는 결코 적합한 평가가 아니다. 4차 산업혁명 시대를 살아가는 인재에게 필요한 것은 누가 더 많은 것을 암기하고 기억하느냐가 아니다. 그보다 훨씬 더 고차원적인 사고능력, 융합하고 창조하며 답이 없는 새로운 길을 찾아내는 능력과 역량이 더 중요하다. 따라서 수능의 평가 방식 또한 변화하는 시대가 요구하는역량에 맞춰 달라져야 한다.

● 이수 과목과 수능 과목 간 일치가 필요하다

고등학교 학업 중에 가장 깊이 있는 공부를 하게 되는 고2, 고3의 이수 과목과 수능을 치르는 과목 간 일치가 거의 이루어지지 않고 있다. 특히 수능을 치르는 3학년 1학기와 2학기에 이수해야 할 과목 중에 상당한 과목이 수능과는 관계가 없는 과목이다. 혹은 수능 과목이라 할지라도 수능 범위에 들어가지 않는 과목인 경우가 많다. 그래서 고3의 수업은 교육과정을 정상적으로 운영하기 어려운 상황이 초래된다. 실제 시간표와 수업 시간에 이루어지는 수업이 다른 경우가 많아지는 것이다. 수능이 대학 진학에서 차지하는 비중이 크기 때문에 교사들은 학생들의 대학 진학을 위해 이수 과목이나 진도와 무관하게 수능 중심의 수업을 하게 되는 비교육적 상황에 놓이게 된다.

이런 파행적 수업 진행을 정상적으로 돌려놓아야 한다. 오로지 시험을 위한, 성적을 잘받기 위한 수업이 미래가 요구하는 인재양성에 어떤 도움이 될 것인지 고민해볼 필요가 있다.

● 학업 성과에 대한 교육적 평가가 필요하다

수능은 고등학교 3년간의 학업 성과를 평가한다는 시험의 본질보다는 공정성과 객관성이 보장되어야 하는 국가 차원의 시험이라는 이유에서 시험 자체의 운영과 관리에 더 집중되어 있다.

3년 동안의 학업 성과를 반나절 만에 평가한다는 것이 매우 불합리한 방식인 데다 하루 동안 50만 명이 아무 사고 없이 수능을 치르기 위해서는 전방위적 인력과 관리 예산이 지출되어야 한다.

모든 시험에 있어서 평가 문항 개발과 응답 결과에 대한 공정하고 교육적인 평가는 무척 중요하다. 매년 수능 문제를 만들기위해 차출된 교수와 교사들은 40일 정도의 감금 생활을 해야 하고, 출제된 문항은 정답에 그 어떤 논란도 없어야 한다. 그리고 학생들이 응시한 결과의 답안은 기계적인 전산 처리로 일괄 처리가된다. 그러니 창의성이나 비판적 사고력과 같은 고등 사고능력을평가하는 부분이 아예 구조적으로 존재하지 않는다.

● 많은 문제풀이에 집중한 평가는 지양해야 한다

우리나라 고등학생들이 3년간 빼놓지 않고 꾸준히 배우는 과목이 국어, 영어, 수학이다. 그런데 수능은 3년 내도록 배운 과목에 대한 실력을 70분에서 100분 사이에서 평가해야 한다. 이렇듯가능하지 않은 일을 가능하게 하려니 여러 문제가 발생하는 것이다. 3년간 배운 과목에 대한 과목별 시험 시간이 충분하지 않기때문에 문제를 객관식 문항 또는 단답형으로 출제할 수밖에 없다. 또한 변별력을 주기 위해 문제에 불필요한 함정과 비비 꼬는 문제, 흔히 킬러 문제를 넣게 되는 것이다. 수험생들은 문제를 곧이

곧대로 받아들이지 않고 숨은 함정은 없는지, 출제자가 요구하는 답은 어떤 관점일지 고민하면서 문제에 접근해야 하는 상황으로 내몰리고 있다.

　이렇듯 여러 가지 한계를 드러내고 있는 수능은 더 늦기 전에 과감한 변신을 도모해야 한다. 전 세계 대학입시에서 객관식 또는 단답형만으로 수학 능력을 평가하는 나라는 거의 사라지고 없다. 교육 시스템은 물론 평가 방식도 시대의 요구에 부응하지 못한다면 글로벌 미래역량의 함양은 허무한 구호로만 남을 공산이 크다. 따라서 고등학교만이 아니라 중학교, 초등학교의 학업에까지 영향을 주는 수능은 학생들의 고등사고 능력과 창의력을 제대로 평가하는 방식으로의 전환이 절실하다.

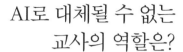

AI로 대체될 수 없는
교사의 역할은?

스마트폰에 음성으로 명령만 내리면, 얻고자 하는 정보를 쉽게 얻을 수 있는 세상이 되었다. 오늘은 어떤 영화를 볼까, 무슨 음악을 들을까, 어떤 콘텐츠를 즐길까를 고민하기 전에 유튜브나 넷플릭스 등을 열면 내가 듣고 싶고, 보고 싶은 자료들이 추천되어 나를 기다리고 있다.

어디 그뿐인가. 음식점에서는 자율주행 기능을 가진 로봇이 음식을 서빙하고, 금융이나 쇼핑 등 다양한 분야에서 챗봇과 상담하며, 열쇠나 패스워드 없이 얼굴이나 지문 등의 생체인식으로 보안을 해제하기도 한다. 우리가 이런 새로운 기술에 신기해하고 놀

3장. 좋은 학교를 넘어 위대한 학교로

라는 동안에도 AI는 부지런히 영역을 넓혀가며 우리의 생활 속 깊숙이 파고들고 있다.

AI의 활약은 학교라고 예외일 수 없다. 아니, 오히려 학교에서 더 적극적으로 활용될 것이며, 그 효과 또한 단순한 서비스 그 이상일 것이다. 이미 그 효율성과 편의를 경험한 학생들은 AI에 의한 교육을 받을 수 있는 준비가 된 상태라고 보아도 무방하기에 학교 교육에 AI를 적극 활용할 방안을 모색해야 한다.

AI와 교사의 역할은 분명하게 구분된다

학교 교육에서 AI 기술이 탑재된 기기, 앱이나 플랫폼을 적재적소에 잘 활용하면 시간과 예산 절약은 물론 학업의 성취수준도 높일 수 있다. 교육 활동에 AI가 도입되면 교사의 역할이 없어지는 것이 아닌가 하는 우려도 있지만, 인공지능은 결코 교사를 대체할 수 없다. 특히 수업 방식을 기존의 단순 암기식, 주입식 교육에서 벗어나 사고력과 응용력, 창의성과 문제해결 능력 등 인간 고유의 역량을 끌어내고 키우는 방식으로 전환되면 AI와 교사의 역할은 분명하게 구분될 것이다.

그렇다면 AI는 학교에서 어떤 역할을 할 수 있을 것인가? 우선,

AI는 학교 행정업무와 단순 평가 등에 도입하여 교사의 보조자 역할을 할 수 있다. 즉, AI 교사는 인간 교사가 업무를 보다 효율적으로 처리할 수 있도록 도와주고, 차원 높은 교육활동을 할 수 있도록 지원하는 도우미 역할을 하게 될 것이다. 수업에서 AI가 할 수 있는 역할을 좀 더 구체적으로 그려 보면 다음과 같다.

● 암기, 이해와 같은 낮은 수준의 교육활동을 담당한다

미국의 교육학자 블룸(Bloom) 박사는 교사가 수업을 통해서 성취해야 할 교육목표를 '암기-이해-적용-분석-평가-창조'라고 하였다. 그런데 우리나라 교육 현실에서 교사들은 가장 높은 수준의 교육목표인 '분석'하고 '평가'하여 '창조'할 수 있는 능력을 갖추도록 하는 데에는 미처 도달하지 못한 채 수업을 마치는 경우가 많다. 수업 시간의 대부분을 핵심 내용을 기억하고 이해하는 낮은 단계의 교육목표에 거의 모든 에너지를 쏟아붓기 때문이다.

AI 보조교사는 인공지능이 제일 잘하는 분야인 학생들이 암기하고 이해하는 것을 돕는 역할에만 충실하면 된다. 그러면 인간 교사는 '적용', '분석', '평가', '창조'라는 좀 더 고차원적인 학습에 집중할 수 있고, 4차 산업혁명 시대가 원하는 융합적 창의 인재 육성에 더 많은 에너지를 쏟을 수 있을 것이다.

● 학습 능력의 개별진단과 맞춤형 수업을 지원한다

60명이 넘는 학생이 한 교실에서 수업하던 예전과 비교할 때 지금은 한 학급의 학생이 20~30명 정도로 줄어, 좀 더 친밀한 수업이 가능해졌다. 그러나 여전히 아쉬운 점은 있다. 학생들이 저마다 학습 능력에 차이가 있는 탓에 같은 수업임에도 누구에겐 너무 쉽고, 또 누구에겐 너무 어렵게 느껴질 수밖에 없다.

AI 교사를 활용하면 학생들의 학습 능력의 차이에 따른 맞춤형 학습이 가능해진다. 충분한 데이터가 장착된 AI 교사가 학생이 모르는 부분을 진단하고 그에 맞추어 개별화 교육을 제공할 수 있기 때문이다. 인간 교사는 그런 개별화 교육이 가능하도록 교육 프로그램을 디자인하고 개별화된 맞춤 교육에 잘 참여하도록 학생들을 정서적으로 이끌어준다. 또 성취한 것에 대한 칭찬과 격려로 학습에 대한 흥미와 열정을 끌어올림으로써 품질 높은 교육 서비스를 제공하게 된다.

이렇듯 AI가 학교 수업에 도입된다면 교사는 기존의 지식 전달자가 아닌 다른 형태의 역할을 수행하게 될 것이다. 교사는 학생 개개인의 특성과 잠재력을 파악하여 학생이 주도적으로 학습하게 함으로써 학습코치의 역할, 학습디자이너의 역할로 변하게 될 것이다. 그리고 반복적이고 소모적인 일에서 탈피하여 더욱 여유 있고 깊이 있는 교육 활동을 하게 될 것이다.

의사가 전문인으로서 존중받는 이유는 정확한 환자의 진단을 통하여 그 증상을 해결할 수 있는 처방을 내려 치료하기 때문이다. AI의 도움을 받게 된다면 교사들 역시 이런 전문가로서의 모습을 갖추게 될 것이다. 인공지능 교사를 적절하게 활용함으로써 교사들은 학생들을 이해하는 데 더 많은 시간을 쓸 수 있게 된다. 즉 학생의 심리적, 정서적, 감정적 변화를 관찰하여 적절한 처방을 마련하여 실질적 변화를 일으키는, 진정한 전문가로서의 교사로 변모하게 될 것이다.

모범적인
학부모 문화를 만들자

학부모는 교사, 학생과 함께 학교 교육의 3주체의 하나로서 그 역할과 책임이 매우 중요하다. 그런데 요즈음에는 학부모들의 항의와 요구로 학교가 몸살을 앓는 경우가 많다. 학교가 지닌 열악한 시스템과 획일적인 커리큘럼, 교사 사회의 경직된 관료주의는 학부모의 심기를 불편하게도 하고, 격렬한 사회 이슈로 번지기도 한다.

급변하는 사회에서 학생들의 미래역량 강화가 절실해진 요즘, 학교와 학부모가 서로를 교육의 주체로 존중하고 상생하면서 시너지를 만들려는 노력이 절실하다. 이를 위해서 우선 학교가 해야 할 역할이 있다. 학부모가 요구하기 전에 학교의 교육목표가 무엇이고, 교육목표를 이루기 위한 교육 정책이 무엇이며, 어떻게 교육과정을 운영해 나갈 것인가를 명확하게 제시하고 동의를 구하는 단계가 필요하다. 그래야만 학교 측이 학부모들의 의견에 휘둘려 방향을 잃는 일이 없기 때문이다.

학부모의 역할에 대한
분명한 안내가 필요하다

학부모가 학교에 제안하는 의견은 보통 각자의 자녀를 중심으로 한 것이기에 저마다 요구사항이 다르다. 그 요구를 모두 들어주다가는 한도 끝도 없을뿐더러, '사공이 많으면 배가 산으로 간다'라는 옛말처럼 학교 교육이 애초의 목표와는 전혀 다른, 엉뚱한 곳으로 나아갈 위험성도 크다.

학부모는 교육 전문가가 아니다. 학교는 설립목표와 교육의 방향을 일관되게 유지하되, 그 이상을 요구하는 학부모들을 설득해 옳은 방향으로 유도해야 한다. 아무리 학부모가 학교 교육의 주요 주체라 하더라도 학생들을 직접 지도할 수는 없지 않은가. 학부모는 학교 교육의 제1의 클라이언트이자 소비자이지만, 그렇다고 그들의 요구를 무조건 수용해서는 안 된다. 학교는 보약을 달이는 한의사의 마인드와 같아야 한다. 환자가 약이 쓰다고 해서 중요한 약재를 빼 버리거나 설탕을 탈 수는 없지 않은가!

학교의 방침에 그 학교만의 고유한 철학과 정신이 배어있지 않으면 줏대 없이 이리저리 흔들리게 된다.

충남삼성고에서는 매일 아침 모든 학생이 40분 이상 '모닝 스파크'라는 다소 강도 높은 운동을 한 후에 하루를 시작한다. 이에 대해서 초기에는 학부모들의 불만이 컸다. "그 시간에 잠을 좀 더 재워주세요.", "아침에 운동하니 학생들이 피곤해서 1교시에도 졸아요."와 같이 부정적 의견을 표출했다. 하지만 이것은 학교의 문화와 관련한 것이기에 단호히 대처했다.

모닝 스파크의 목적은 학생들이 3년간의 장기 레이스에서 체력이 가장 중요함을 깨닫게 하고, 나아가 규칙적인 생활습관을 유도하는 데 있다. 또 늦은 밤까지 취침하지 않고 잡담을 하거나 핸드폰을 들여다보며 시간을 낭비하지 않도록 하기 위한 장치이기도 했다. 이런 점을 잘 설명하고 학부모들의 이해를 구했다. 덕분에 지금은 학부모 역시 모닝 스파크를 충남삼성고의 우수한 제도로 받아들이며 강한 긍지를 갖고 있다.

물론 이러한 자신감 있는 태도는 학교가 교육 전문가로서 어디에도 뒤지지 않는 양질의 교육 서비스를 제공한다는 자부심이 있어야만 가능한 일이다. 대부분의 학교들이 여전히 학부모들의 주장에 끌려다니는 것은 그만큼 제공하는 서비스가 우수하지 못하기 때문이다.

학교는 학부모에게 교육 철학과 교육과정을 분명하게 설명하고 안내할 뿐만 아니라, 학부모를 위한 정보 제공과 학부모 교육에도 힘을 써야 한다. 우리나라 학부모들은 세계 최고라고 해도 과언이 아닐 정도의 높은 교육열을 자랑한다. 이러한 교육열은 자녀를 위해서라면 학교에서 어떤 역할이든 하려는 열정으로 이어지는데, 이것이 학교에 발전적으로 활용되기 위해서는 학부모의 역할에 대한 분명한 안내가 선행되어야 한다.

충남삼성고는 학교 교육의 중요한 주체 중 하나인 학부모가 그 역할을 올바르게 수행할 수 있도록 '충남삼성고 학부모상 7가지'를 정하여 안내하고 실천을 권유하고 있다.

충남삼성고 학부모는

1. '바른 품성, 창의력, 리더십을 겸비한 글로벌 미래인재 육성'이라는 충남삼성고의 교육목표를 내 자녀를 비롯한 모든 학생이 달성할 수 있도록 적극 협력한다.
2. 내 자녀를 예비 성인으로서 존중하며 대학 및 사회생활에 필요한 능력을 스스로 갖출 수 있도록 믿어주고 격려한다.
3. 자녀의 학교생활에 관하여 학교와 충분한 소통을 하고, 교사

의 권위와 전문성을 존중하여 예의를 지킨다.

4. 부모의 사회적 지위를 이용하여 학교에 대하여 부당한 요구를 하지 않으며 교사에게 금품 및 향응 제공을 일절하지 않는다.

5. 충남삼성고라는 학습 공동체의 일원으로서 자기계발에 참여하여 자녀에게 평생 학습자의 본을 보인다.

6. 지역사회의 일원으로서 학교와 지역사회가 우호적 관계가 유지될 수 있도록 가교 역할을 한다.

7. 부모의 전문성 및 재능을 활용하여 교내 및 지역사회에서 1부모 1봉사를 실천한다.

이렇듯 학교는 학부모의 교육적 역할을 제시함과 동시에 학교 정책에 자유롭게 의견을 표현할 수 있는 장을 마련해야 한다. 공식기구인 학교운영위원회에서의 활동만이 아니라 온·오프라인을 통해 좋은 의견을 제언할 수 있도록 해야 한다.

건강한 학교-학부모 관계는 학교의 당당함과 자신감에서 비롯된다. 학부모는 내 아이의 성장과 발전만이 아니라 학생 전체를 위해 넓은 시야와 안목으로 중장기 발전을 도모해야 한다. 교육의 주체로서 권리를 행사하기 위해서는 무엇보다 그에 맞는 올바른 역할을 알고 이를 제대로 수행해야 한다.

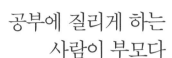

공부에 질리게 하는
사람이 부모다

"공부가 즐거운가?"

이 질문에 단 1초의 망설임도 없이 그렇다고 대답할 고등학생이 얼마나 될까? 생각할 시간을 충분히 준다고 한들 '공부가 즐겁다'라고 대답할 학생이 늘어날까?

그렇다면 질문을 바꾸어 "왜 공부하는가?"라고 묻는다면 학생들은 어떤 대답을 할 것 같은가. 짐작건대 "하라고 하니까", "대학에 가려고", "남들이 하니까"와 같이 어쩔 수 없이, 마지못해 상황에 떠밀려 공부한다는 대답이 상당수일 것이다. 설령 "꿈을 이루기 위해"라는 바람직한 대답이 나온다 해도 "그래서 공부가 즐거

3장. 좋은 학교를 넘어 위대한 학교로

운가?"라고 다시 묻는다면 그렇다고 대답할 학생이 얼마나 될까?

학생은 글자를 구성하는 뜻 그대로 배울 '학(學)'과 날 '생(生)'의 존재이다. 배우는 존재, 즉 공부하는 존재가 바로 학생이다. 공부는 학생이 당연하게 해야 하는 의무인 동시에 당당히 누려야 할 권리이기도 하다. 그런데 우리나라 고등학생 중 공부를 자신의 권리라고 생각하고, 적극적이고 능동적으로 임하며, 그 안에서 기쁨과 즐거움을 느끼는 이가 과연 얼마나 될까.

"학이시습지 불역열호(學而時習之不亦說乎)."

배우고 익히는 즐거움이 인간이 누리는 큰 기쁨 중에 하나라고 했던 공자의 말처럼, 인간은 끊임없이 무언가를 궁금해하고 알고 싶어 한다. 그 궁금증을 해결하는 과정에서 기쁨과 즐거움을 느낀다. 이런 궁금함을 해결하고 배우고 깨닫는 즐거움이 지금의 문명과 문화를 낳은 최고의 원동력이기도 하다.

왜 공부가
즐겁지 않을까

"공부가 즐거운가?"라는 질문을 유치원생, 혹은 초등 저학년에게 한다면 상황은 확연히 달라질 것이다. 게다가 굳이 이런 질문을 하지 않아도 너도나도 손을 들어 궁금한 것을 질문하고 제가 아는 것을 답하려는, 에너지 넘치는 수업광경만 봐도 아이들이 정말 즐거워서, 재미있어서 공부한다는 것을 알 수 있다.

이렇듯 공부에 대한 의욕이 넘쳤던 아이들이 왜 중학생이 되고 고등학생이 되면서 점점 학교의 수업에서 적극성을 잃게 되는 것일까? 학생은 원래 공부하기를 싫어한다는 선입견으로 학부모가 지나치게 아이의 공부에 개입한 탓에 오히려 공부에 대한 흥미를 잃게 하는 것이 아닌지 돌아볼 필요가 있다.

● 과도한 사교육이 학습의 호기심을 떨어뜨린다

초등학교부터 고등학교까지 학교에서 제공되는 교육은 그 나이의 학생들에게 필요한 내용과 적정 분량으로 기획된다. 그런데 공부는 학교에서만 그치는 것이 아니다. 적지 않은 학부모가 아이를 사교육으로 내몰아 학교에서 배워야 할 것을 미리 배우게 하거나 다시 반복해서 배우도록 강요한다.

이런 사교육에서의 과도한 학습량이 아이들을 학교 수업에서 지치게 한다. 또 반복해서 배우게 하니 학년이 올라갈수록 학교에서의 공부는 재미는 물론 신선함도 사라지고 지적인 호기심도 잃게 된다.

● 누구를 위한 공부인지 잊게 한다

학업 성취도를 평가하는 각종 시험에서 좋은 결과가 나오면 학습의 주체인 학생보다 학부모가 더 좋아하고 기뻐한다. 부모가 함께 기뻐하는 것은 좋으나 그것이 지나치면 아이는 자칫 누구를 위한 공부인가를 잊게 된다. 부모가 지나치게 성적에 대해 신경을 쓰면 학생은 나의 장래를 위해서 내가 주도적으로 공부해야 한다는 생각이 줄어들고, 부모를 기쁘게 하려 공부해야 한다는 생각이 강해진다.

아이가 공부에 주체성을 갖게 하려면 무엇보다 학습의 주체인 학생이 학습에 대한 호기심 그리고 학습을 통해 얻는 즐거움과 성취감을 마음껏 누리게 하는 세심한 배려가 필요하다.

● 진로를 고려하지 않은 천편일률적 교과 편성

고등학생은 성인과 바로 맞닿은 시기라서 자신의 미래에 대한 고민이 깊고 사회진출에 필요한 준비도 하고 싶어 한다. 공부만 하더라도 자신의 꿈을 이루기 위해 어떤 과목을 얼마나 깊이 있게 공부해야 하는지에 대해 고민한다.

그런데 학교에서 제공하는 교육과정과 시간표는 학생 개개인의 상태를 전혀 고려하지 않은 채 모두 획일적이다. 학교의 교육과정과 시간표대로 움직인다면 학생은 나는 어디에 흥미를 느끼고 무엇을 잘하는지, 나의 관심과 재능이 잘 반영된 직업은 무엇인지, 나의 꿈을 이루려면 어떤 부분에 더 집중하여 공부해야 하는지 전혀 생각할 수 없다. 꿈이나 진로를 고려하지 않은 천편일률적인 시간표에 자신을 맡겨야 하는 현실이 학생들의 학습에의 흥미를 빼앗고 있다.

● 배워야 할 과목이 너무 많다

우리나라는 고등학교에서 배워야 할 과목이 너무 많다. 그래서 학생마다 각 수업에 따른 관심과 참여의 정도에 차이가 크다.

내 수준에 맞게 진행되는 수업, 나의 관심을 끌 만한 수업에는 적극적으로 참여하게 되지만 그렇지 못한 과목은 무관심하다 보니 졸거나 다른 공부를 하게 된다. 오죽하면 고등학생이 수업 시간에 꾸벅꾸벅 졸거나 엎드려 자는, 다른 나라에서는 볼 수 없는 기이한 현상이 벌어질까.

학생들이 공부하는 즐거움과 기쁨을 느낄 수 있게 해주려면 교사와 학부모는 그들의 목소리에 진심으로 귀 기울여야 한다. 학생이 자신의 삶을 가장 아름답고 행복하게 살아갈 길이 무엇인지 꿈꾸게 하고 그것을 표현하게 하여, 자기의 삶에 대한 책임감을 가질 수 있도록 해야 한다. 그리고 자신의 꿈을 이룰 직업이 무엇

3장. 좋은 학교를 넘어 위대한 학교로

인지 생각하고 스스로 탐색하며 결정하게 이끌어주어야 한다. 그래야 학생 스스로 자신의 미래를 설계할 구체적인 계획을 세우고, 그것을 기준으로 고등학교 3년의 학교생활을 계획할 수 있다.

학생은 결코 공부를 싫어하지 않는다. 오히려 자신의 삶을 성공적으로 이끌기 위해서 공부를 잘하고 열심히 하고 싶어 한다. 단지 자신의 수준에 맞지 않는 과목, 자신의 진로와 삶에 전혀 무관한 학습이 주어지기 때문에 무관심해지게 되는 것이다.

따라서 학생들의 꿈과 직업에 관련한 매우 정교한 진로 진학 지도의 방향에서 학생들의 학습과 생활이 이어지도록 한다면 우리의 교실은 다시 생기를 찾을 수 있을 것이다.

'자사고의 폐지'
과연 옳은 판단일까?

4차 산업혁명 시대로 접어든 지금, 세계는 그 어느 때보다도 다양한 역량을 가진 창의적 인재를 요구한다. 이러한 시대적 요구에 발맞춰 교육 또한 학생 개개인의 다양성과 잠재 역량을 존중하고 끌어내는 것에 초점이 맞춰져야 한다.

그러나 안타깝게도 우리나라는 오히려 이런 시대의 변화에 역행하는 교육정책으로 우리 아이들이 K-세계인으로 성장하는 데 걸림돌이 되고 있다.

교육부는 '교육 평준화 정책'의 일환으로 2025년부터 전국의 자사고, 자공고, 외고, 국제고를 모두 일반고등학교로 전환한다는 방침을 확정했다. 우리는 교육부의 이러한 결정이 정말 교육적인 판단인지, 정치적인 판단과 얽힌 것은 아닌지에 대해 냉철하게 생각해 볼 필요가 있다.

자사고(자율형사립고등학교)의 경우만 하더라도 그 탄생과 변화, 발전의 역사에 교육적인 판단만이 아닌 정치적 판단도 복잡하게 얽혀있었던 것이 사실이다.

자사고의 태동과 역사를 알아보면 이해가 쉬울지도 모르겠다.

우리나라의 모든 고등학교가 평준화되면서 사립고등학교의 등록금도 공립고등학교와 같아지게 되었다. 이는 학생들의 등록금으로 운영되던 사립고등학교로서는 엄청난 재정적 위기가 아닐 수 없었다. 이를 해결하기 위해 정부는 모든 사립고등학교에 인건비를 책임지는 재정결함 보조금을 지급했다. 그 결과 우리나라 사립고등학교의 대부분이 공립학교와 교육에 있어 별다른 차이가 없는 준공립학교화되었다.

모든 사립학교가 평준화로 인해 준공립화되어 사립학교로서의 의미가 사라져가고 있을 때, 새로운 학교 유형이 등장하게 된다. 그것이 자립형 사립고등학교이다.

이 제도는 2001년에 도입되어 당시 내가 근무하던 민족사관고등학교를 포함하여 광양제철고, 포항제철고, 해운대고, 현대청운고, 상산고 등 6개의 학교에 자립형 사립고등학교의 지위가 주어

졌다. 이후 하나고가 자립형 사립고등학교라는 이름으로 설립 및
운영됨으로써 전국의 자사고는 총 7개 학교가 되었다.

K-교육, 공교육의
수준을 끌어올려야

사립고등학교는 공립과는 달리 사학
법인이 자율적으로 운영하는 학교이다. 그런데 자립형 사립고등
학교는 그 앞에 '자립'이라는 말을 붙여 교육과정 운영과 학생 선
발에 대한 자율권을 갖고, 정부로부터의 재정적 지원을 최소화하
여 재정적으로 자립하여 운영되는 학교이다.

민사고와 상산고 등 자사고 운영을 통해 나타난 교육적 효과와
선호 현상은 우리나라 고교 교육의 변화를 이끌었다. 이런 현상을
더 광범위하게 적용하기 위해 이명박 정부는 자사고 100개, 기숙
형공립고 150개, 마이스터고 50개 육성을 목표로 하는 '고교 다
양화 300' 정책을 추진하면서 자사고 설립을 적극적으로 장려했
다. 획일적 교육시스템에서 벗어나 우수한 인재에게 다양한 교육
기회를 제공하기 위해서다.

이때부터 자립형 사립고는 자율형 사립고로 명칭을 변경하여
전국의 사립고등학교에 적극적으로 홍보하면서 자율형 사립고로

의 운영을 요청하고 권장하였다. 그리고 자율형 사립고의 교육적 역할이 커지자 정부에서는 이것을 공립에도 적용해야 한다며 자율형 공립고, 이른바 자공고까지 운영하기에 이르렀다.

2001년에 출발하여 지금에 이르기까지 자사고는 그 설립 취지에 맞게 우리나라 고교 평준화 교육에서 보완해야 할 수월성 교육과 교육 기회의 다양성에 큰 역할을 해왔다.

이런 자사고를 교육 평준화 정책이라는 명목으로 일괄 폐지한다는 것은 교육적 판단이라기보다는 정치적 판단이 더 앞선 것이 아닌지 의구심이 들 수밖에 없다.

자사고 폐지를 주장하는 가장 큰 이유로 고교 서열화를 꼽는다. 우수한 역량을 가진 학생들이 자사고와 같은 명문고로 몰리니 일반고와 학습 수준의 격차가 커져 일반고 학생들이 직간접적으로 피해를 보게 된다는 것이다. 설령 이 같은 지적이 완전히 틀린 것은 아니라고 하더라도 그것이 자사고를 폐지한다고 해결될 문제는 아니다. 오히려 더 큰 문제를 불러올 위험도 크다.

실제로 많은 교육 종사자와 전문가들이 자사고 폐지에 따른 여러 문제점을 지적하고 있다.

그 대표적인 것이 강남 8학군의 부활과 그에 따른 우수학군 지역의 부동산 가격 폭등이다. 실제로 이러한 현상은 이미 서울 강남지역을 중심으로 진행되고 있다. 자사고와 같은 명문고의 폐지가 예정되니 강남 8학군 학교로 전학을 하는 초등학생들이 대거 늘면서 부동산 가격의 상승은 물론, 일반고의 서열화 조짐 또한 나타나고 있다.

문제는 이뿐만이 아니다. 우리나라의 우수한 인재를 소화할 학교가 사라지니 다시 해외로 유학을 준비하거나 제주도의 국제학교, 또는 대안학교로 진학하는 움직임도 보인다.

자사고에서 해외 명문고 수준의 교육을 해왔던 덕분에 해외 유학이 매년 감소하는 추세였다. 그런데 이제 그마저도 사라질 위기에 놓이니 다시 해외 유학, 국내의 국제학교, 대안학교에 관심을 두는 것이다.

학생들에게 균등한 수준의 교육을 제공한다는 교육부의 취지는 좋으나 거기엔 반드시 전제가 따라야 한다. '우수한' 교육을 균등하게 제공해야 한다는 것이다. 즉, 자사고를 폐지하여 우리 교육을 모두 공교육에 맞춰 하향 평준화하는 것이 아닌, 일반고의 수준을 끌어올리는 것에 초점을 맞춘 정책이라야 모두에게 공감을 얻을 수 있다.

국민 전체를 대상으로 교육 기회의 균등이라는 차원에서 교육 정책을 펼 때 공교육기관은 부득이하게 획일화되고 규격화될 수밖에 없다. 이러한 공교육에 새로운 방향과 새로운 교육 시스템을 실험적으로 또는 선도적으로 수행하는 역할은 결국 누군가는 담당해야 한다.

지금까지 그래왔듯이 자사고가 그 역할을 맡아야 한다. 우리나라의 모든 공교육이 시대의 변화와 요구에 발맞춰 선진화되고 국제화되는 그날까지 자사고가 모델이 되어 공교육을 이끎으로써 우리 교육을 상향 평준화하는 것이 더 올바른 선택이 될 것이다.

4

K-세계인으로 성장하는 학생의 특징 12가지

K-STUDENT

꿈과 목표,
구체적인 계획이 있다

같은 학교, 같은 학급이라는 똑같은 상황에서도 유독 빛나는 아이들이 있다. 태도도 반듯하고 성취수준도 높으며, 긍정적이고 적극적인 데다 친구들과의 친화력도 뛰어나다.

40년 넘게 학생들과 함께하다 보니 이렇듯 빛나는 아이들에겐 그들만의 특징이 있다는 것을 알게 되었다. 또래 학생들 사이에서도 유독 빛나는, K-세계인으로 성장하는 이 아이들에겐 다름 아닌, '뚜렷한 목표'가 있다.

"10년 후 너는 어떤 모습일까?"

이런 막연한 질문을 학생들에게 던지면 대부분은 당황해서 머못댄다. 그런데 뚜렷한 목표가 있는 아이들은 마치 준비라도 한 것처럼 자신의 10년 후 모습을 막힘없이 그려낸다.

"10년 후의 저는, 하버드 로스쿨을 졸업하고 미국 최고의 로펌에서 지적 재산권 분야의 인정받는 변호사로 활약하고 있을 겁니다!"

"10년 후의 저는, 아마도 UN과 같은 국제기구의 난민 분야에서 열심히 일하고 있을 겁니다."

마치 지금 눈앞에서 일어나고 있는 일처럼 아주 구체적이고 진정성이 담겨 있다.

이들에게는 공통점이 있다. 학업 성취도가 높으며 긍정적인 사고방식과 리더십 등으로 똘똘 뭉쳐 있으며, 무엇보다 자신의 미래에 대한 분명한 목표가 있고, 이를 이루기 위한 구체적인 계획도 수립돼 있다.

실제로 이들은 하루하루 자신의 목표와 싸우고 그것을 성취해 나간다. 하루에 영어 단어 50개를 외우는 학생, 어려운 수학 문제를 꼭 10개씩 풀고 하루를 마감하는 학생, 영어 원서에 집중해 그날의 분량인 20페이지를 다 읽어내려고 노력하는 학생 등등 이들은 모두 분명한 목표가 있고, 그 집중력 또한 강하다.

물론 이러한 단기적인 목표들은 또 다른 중장기 목표, 그리고 인생의 장기 목표와 유기적으로 연결되어 있다. 지금 영어 단어와 수학 문제풀이에 집중하는 것은 이들에게 진학하고자 하는 대학에 대한 구체적인 계획이 있기 때문이다. 예를 들어, 중장기 목표로 '○○대 ○○과 진학'이라는 목표를 세웠다면, 이를 위해서 수능에 몇 등급을 받아야 할지, 높은 수준의 과목을 몇 개나 어떤 점수로 이수해야 할지, 학교생활 이외의 시간은 어떻게 보내야 할지 등등 구체적인 단기 계획을 세우는 것이다.

열정을 끌어올리는
목표설정 방법

꿈을 이루려면 무엇보다 그 꿈을 이룰 수 있는 직업에 성공적으로 진입할 수 있는 대학과 학과를 정해야 한다. 그것에 맞추어 고등학교에 입학할 때부터 3년간의 플랜을 작성하고, 하루하루 계획을 실천하고 목표를 이뤄가야 한다.

그러나 현실은, 고등학생 중 상당수가 어느 대학 어느 학과에 진학할 것인지에 대한 정확한 목표나 계획이 없다. 그저 학교와 학원을 오가며 공부하다가 3학년이 되면 내신과 수능 점수의 결과에 맞춰 학교를 선택한다. 목표나 계획 없이 점수에 맞춰 대학을 결정하니 어른이 된 후엔 자신의 꿈과는 전혀 다른 엉뚱한 길에서 현실과 적당히 타협하며 살아가게 되는 것이다.

분명한 목표를 설정해두고 그것을 이루기 위해 계획하는 학생들과 이렇다 할 목표 없이 현실에 맞춰 적당히 선택하면 된다고 생각하는 학생들 사이에는 큰 차이가 있다. 그리고 그 차이는 얼마나 성취하느냐, 궁극적인 삶의 행복을 어느 정도 달성하느냐로 나타난다.

그렇다면 꿈을 이루고 행복한 삶을 살아가기 위한 첫걸음인 목표설정을 할 때 어떻게 하면 내 안의 열정을 끌어올려 달성률을 더욱 높일 수 있을까?

● 할 수 있다는 자신감부터 채우자

목표를 세우는 것은 '할 수 있다'라는 긍정적 자신감에서 출발한다. 목표를 세우지 못하는 학생들 대부분은 목표를 세우고 계획을 해봤자 이루기 힘들다는 자신감 부족에 시달린다. 그래서 노력조차 하지 않고 꿈을 포기한다.

자신감을 가진 아이는 설사 계획했던 단기적 목표를 이루지 못하면 얼른 대안의 목표를 설정하고 재빨리 상처를 회복한다. 하지만 자신감이 없는 아이는 이런 실패 앞에서 쉽게 무너진다. '거봐, 노력해 봤자 난 제대로 할 수 없어.'라고 생각한다. 추진력과 뒷심 부족으로 또 다른 계획 세우기를 꺼리고, 목표에 대한 열정마저도 흐릿해진다.

자신감은 어린 시절부터 이어져 온 부모의 양육 태도에 큰 영향을 받는다. 자신감이 넘치는 아이로 키우려면 부모는 늘 긍정적인 태도로 무한한 신뢰와 믿음을 보여주어야 한다. 시험에서 낮은 점수를 받거나 도전했던 것에 실패하더라도 과정에서의 노력을 칭찬하고 격려하며 응원해주어야 한다. 늘 자신 안에 목표를 이뤄낼 충분한 능력이 있다고 말해주어야 한다.

● 구체적이고 임팩트 있는 동사형 목표로 정하라

목표를 세울 때는 최대한 구체적으로, 마치 그림을 그리듯이 정밀하게 설정하는 것이 좋다. '글로벌 리더가 된다'라는 '명사형 목표'는 멋져 보이긴 하나 구체성을 띠지 못한다. 그보다는 '세계적인 NGO에 들어가서 세계의 환경 문제 해결, 아프리카 지역의 열악한 교육 문제 해결을 위해 일한다'라는 '동사형 목표'가 훨씬 구체적이다.

구체적인 목표는 마음에 주는 영향력이 크다. '글로벌 리더가 된다'라는 목표는 너무 막연해서 가슴을 때리는 임팩트가 부족하다. 하지만 'UNESCO에 들어가 아프리카에 K-에듀를 심겠다'라는 목표는 가슴이 두근거릴 정도의 임팩트가 있다. 목표는 바로 이러한 인스피레이션(inspiration, 영감)의 효과를 노려야 한다.

● 미시적 목표는 어려울수록 매력적이다

거시적인 목표 아래 미시적 목표를 수립할 때에는 가능한 한 어려운, 그래서 무척 매력적으로 느껴지는 목표를 세워야 한다. '중간고사에서 전교 1등을 하자!'는 목표는 불가능해 보일 정도로 어려운 목표다. 그래서 더욱 매력적이다. '매일 영어 단어 1백 개를 외우자!'라는 목표 역시 힘든 도전이다. 그래서 매력적이다.

게다가 어려운 목표는 설령 달성하지 못하더라도 그것을 달성하기 위해 노력하는 과정에서 나의 역량을 최대치로 끌어내 주는 효과도 있다. 평소 전교 30등 정도의 성적을 유지하던 학생이 현실적인 목표로 전교 20등을 목표로 하는 것과 전교 1등을 목표로 하는 것은 노력과 결과 모두가 다를 수밖에 없다.

● 목표달성을 위한 기한을 정하라

목표를 설정할 때 장기 계획과 중기 계획, 이에 따른 구체적인 단기 계획을 세우는 것과 더불어 필요한 것이 목표달성의 기한을 정하는 것이다. 기한을 정하지 않은 목표는 언제 이루어질지 알 수 없는 막연한 꿈과 같기에 언제까지 어떤 형태로 목표를 이룰 것인지를 매우 구체적으로 설정해야 한다.

예를 들어 고등학생 시기에 컴퓨터와 관련한 자격증을 취득하는 것을 목표로 한다면 '1학년 2학기 겨울 방학이 끝나기 전까지

○○자격증을 취득한다'와 같이 구체적인 목표와 데드라인을 정해두어야 한다. 그리고 이 목표를 달성하기 위해 매일 어느 정도의 속도로 무엇을 공부해야 할지 구체적 계획이 수립되어야 한다. 그렇지 않으면 하루하루 미루다 데드라인이 가까워져서야 허겁지겁할 것이고, 바라던 성과 또한 이루기 힘들어질 수 있다.

중·고등학교 시절은 미래를 준비하는 무척 중요한 시기이다. 이 중요한 시기를 아무런 목표나 계획 없이 보내 결국 내가 원하지 않던 미래를 맞게 된다면 이 얼마나 불행하고 끔찍할까. 그러니 행복한 미래를 위한 분명한 꿈을 찾고, 그것을 이룰 뚜렷한 목표와 세부적인 계획을 설정하여 실행하는 건강한 습관을 길러야 한다. 목표나 계획 없이 수동적으로 이끌리는 삶보다 학교생활이 훨씬 풍요로워지고, 나아가 사회에서도 차별화된 나만의 경쟁력을 갖게 될 것이다.

세상의 흐름을
읽을 줄 안다

나는 하루도 빼놓지 않고 매일 경제지를 포함하여 6개의 일간지를 읽는다. 그날에 있었던 중요한 이슈와 세상의 흐름을 알기 위해서다. 단지 기사를 읽는 데 그치지 않고 중요한 내용은 스크랩한다. 이전에는 신문을 오려서 두꺼운 파일에 붙이곤 했는데, 지금은 그 기사가 실린 신문사 홈페이지에 들어가 기사의 URL 주소를 찾아서 내 PC에 저장한다.

내가 이렇듯 신문 기사를 따로 저장해두는 것은 세상의 흐름을 학교 학생들에게 알려주기 위해서다. 그래서 신문 기사를 내 PC에 저장할 때 학교 사서 선생님에게도 함께 보내면 선생님은 학교 내부 인트라넷에 그것을 올려 모든 교직원과 전교생이 볼 수 있도록 한다.

대다수의 학생들은 학교에서의 수업, 그리고 계속되는 공부와 입시 준비로 주변을 돌아볼 겨를이 없고, 신문을 따로 챙겨볼 시간은 더더욱 없기에 세상을 보는 시야가 좁아진다.

공부에만 갇혀 사는 아이들은 대부분 현재의 성적과 대학에만 관심이 집중되어 있다. 사회 전체의 변화와 흐름을 알아볼 시간도 마음도 없다. 눈앞의 성과에만 연연하면, 변화의 큰 흐름은커녕 가까이에 바짝 다가온 변화조차도 감지하지 못한다.

반면 K-세계인으로 성장하는 아이들은 신문이나 잡지, 뉴스 등을 꼼꼼히 챙겨보면서 학교 공부 이외의 사회 문제에도 관심이 많다. 이들은 공부만 하기에도 부족한 시간을 쪼개어 신문과 잡지를 보면서 세상을 읽어내고, 거기에서 많은 아이디어를 얻고 자신의 진로를 개척해 나간다.

10년 후, 20년 후를 대비하는 혜안이 생긴다

충남삼성고에는 모의 유엔 동아리가 있다. 모의 유엔을 개최하여 진행하게 되면 각 학생에게 자신이 맡을 나라를 지정해 준다. 그러면 학생은 주어진 주제를 그 나라의 입장에서 바라보며 토론하고 중요한 결정을 해나간다.

토론 내용을 들어보면 아이들이 자기가 맡은 나라에 대해 생각보다 많은 정보와 지식을 가지고 있음에 놀라게 된다. 그 나라의 역사나 환경은 물론이고, 현재 그 나라가 처해 있는 실상까지도 언론을 통해 파악한 후에 토론에 임하기 때문이다. 그래서인지 토론에서 나오는 말의 수준이 상당하다.

충남삼성고의 모의 유엔 동아리의 사례에서도 알 수 있듯이 아이들도 관심을 가지고 사회변화를 꾸준히 살피면 그에 걸맞은 넓은 시야와 통찰을 얻을 수 있다. 성취감이 높은 아이들은 꾸준히 신문이나 잡지 등을 통해 세상을 보는 안목을 키우고 제 나름의 통찰력을 키운다.

이 외에도 K-세계인으로 성장하는 아이들은 영화나 음악, 예술 등 대중문화에도 적당한 관심을 기울여 세상의 트랜드가 어떻게 바뀌고 있는지 잘 안다. 특히 최신 할리우드 영화와 팝송을 통해 영어 감각을 유지하고, 국내 사이트뿐만 아니라 영어권 네티즌들이 주로 접속하는 외국 사이트에 자주 접속해 유익한 정보와 네트워크를 구성한다. 이런 경험이 쌓이면서 글로벌 트렌드를 알게 되고, 나아가 우리 문화를 잘 접목한 K-트렌드를 탄생시킬 저력을 깆게 된다.

세상의 흐름을 읽는 능력은 K-세계인으로 성장하는 아이들에게 꼭 필요한 '큰 그림을 읽을 줄 아는 능력'이다. 세상의 흐름을 읽을 줄 알면 앞으로 10년 후, 20년 후의 사회변화를 현재의 선택에 반영할 수 있다. 10년 후 사회가 어떤 인재를 원할지, 20년 후에는 또 사람들이 어떤 분야에 열광하고 어떤 서비스를 원할지 생각해 볼 수 있다.

디지털 사회로 빠르게 진화하는 세상의 변화에 둔감했던 탓에 한때 업계 세계 최대 규모의 영광을 누리다 이제 그 이름조차 낯설어진 기업이 있다. 30년 전인 1990년대 블록버스터는 미국을 비롯 세계 각국에 9,000여 개의 매장과 4,000만여 명의 회원을 보유한 세계 최대 규모의 비디오 대여 기업이었다. 이들은 비디오 대여료와 연체료로 수익을 창출했는데, 사람들은 연체료가 여간 아까운 게 아니었다. 이에 사람들은 직접 매장까지 가지 않아도, 연체료를 물지 않아도 마음껏 영화를 즐길 수 있는 서비스에 대한 강렬한 니즈가 생겨났다.

이러한 소비자의 니즈와 디지털의 진화라는 변화를 접목하여 발 빠르게 등장한 회사가 바로 넷플릭스이다. 시장이 디지털 전환을 시작하던 초창기 넷플릭스는 '월정액 구독모델' 서비스를 선보이며 소비자의 마음 속으로 파고들었다. 반면 블록버스터는 이러한 변화에 눈감으며 기존의 오프라인 거래 방식에만 집착했고, 결국 소비자의 외면 속에 파산하기에 이른다.

블록버스터를 보면 알 수 있듯이 세상의 흐름을 알고 변화를 살피는 것은 생존과도 직결돼 있다. 비단 기업만이 아니라 학교, 정부와 같은 여러 조직, 심지어 개인 또한 세상의 흐름을 알지 못하면 낙오하고 도태될 수밖에 없다. 반면 넷플릭스와 같이 세상의 흐름을 잘 알고 기민하게 대처하면 스스로 시장을 창출하면서 큰 성공을 거둘 수 있다.

지금 세상은 그 어느 때보다 빠른 속도로 변화하고 있다. 이러한 변화는 갈수록 빨라지고 거세져서 내 아이가 세상 밖으로 나가 글로벌 무대에서 활동할 때에는 현재로서는 상상조차 할 수 없는 세상이 열릴 것이다.

학창시절부터 꾸준히 세상의 변화와 흐름을 살피는 습관을 들이고, 트렌드를 읽는 안목과 통찰을 키운다면 미래의 나에게 긍정적인 기회가 될 수 있다. '흐름'이라는 말에서도 알 수 있듯이 세상의 변화는 어느 순간 갑자기 뛰어들어 파악하는 것이 아니다. 오랜 시간 그것을 살피면서 함께 흘러가야 정확하고 깊은 통찰이 가능하다.

세상과 자신에 대해
긍정적 자세를 갖는다

K-세계인으로 성장하는 아이들의 또 다른 특징은 모두가 긍정적 사고의 소유자라는 것이다. 이들은 말하는 방식부터 다르다. 누군가가 "할 수 있겠니?"라고 물으면 이들은 한결같이 자신감 넘치는 목소리로 "그럼요, 할 수 있어요!"라고 말한다. 어려운 숙제를 내주고 아무래도 불평이 쏟아지지 않을까 걱정하면, 아이들은 초롱초롱한 눈빛으로 "문제없어요!"라고 말한다.

사실 주변을 돌아보면 이렇게 긍정적으로 대답하는 사람은 많지 않다. 겸손을 중시하는 동양의 문화 때문이기도 하겠지만, 우리 사회에는 유난히 자신감 없는 사람들이 많다. "글쎄요, 좀 어려울 것 같은데요", "잘 안될 것 같은데요" 등의 말을 생활 속에서 수없이 반복하는 사람들이 우리 주변에는 많이 있다. 특히 새로운 일을 제안했을 때 어떻게 하면 가능하게 할 것인가에 대한 생각보다, 그 일이 잘 안되는 이유를 먼저 찾는 사람들이 많다.

긍정의 기운을 불러오기 위해선 해보기도 전에 무조건 염려하고 안 될 이유를 찾는 부정적 태도부터 버려야 한다. 염려되는 부분이 있더라도 무조건 긍정적으로 생각하고 말하다 보면 실제 결과도 긍정적일 때가 많다.

2013년 봄, 2014년 충남삼성고 개교를 준비하는 개교추진단이 만들어졌다. 삼성에서 세우는 최초의 고등학교를 정말 교육다운 교육을 하는 학교, 학교다운 학교로 만들어 보겠다는 의욕이 가득한 선생님들이 자리를 함께했다. 개교추진단의 첫 모임 때 다음과 같이 선생님들께 당부를 드렸다.

"선생님, 이전 학교에서 근무하실 때도 이상적이고 바람직한 학교의 모습을 상상하셨을 겁니다. 그런데도 현실에서의 크고 작은 장애에 부딪쳐 좌절하고 포기했던 적 있으시지요? 하지만 우리는 그렇게 생각하지 말기로 해요. 우리가 생각하는 가장 바람직하고 이상적인 교육이 구현될 것임을 믿고 상상하면서 거침없이 나아갑시다. 그런 교육을 해나가는 데 생기는 장애는 제가 어떻게든 뚫어 보겠습니다."

이런 긍정의 각오 덕분이었던지, 실제로 2013년 봄부터 꿈꾸고 상상했던 학교의 모습을 현실로 만들어 갈 때 힘겹게 느껴지는 장애는 그리 많지 않았다.

숨어있는 긍정의 힘을 꺼내라

우리나라와 비교해 서양 문화권은 부정적 표현이 드물다. 그들은 언어를 통해 뭐든 긍정적으로 대답하는 사고방식을 대대손손 물려받은 듯하다.

인사만 해도 그렇다. "요즘 어떻게 지내세요?"라는 질문에 우리처럼 "뭐, 그럭저럭."이라고 대답하는 사람은 거의 없다. 모두 한결같이 "Fine!", "Great!"라고 대답한다. 어떤 일을 맡을 때도 "No problem!", "Don't worry." 등의 긍정적인 말을 생글생글 웃으며 반복한다. 그들의 얼굴만 보아도 아무 문제 없이 일이 잘 풀릴 것 같은 기분이 든다.

글로벌 기업 문화는 서양권의 이런 사고방식을 그대로 적용하고 있다. 글로벌 기업 안에서는 'No'라는 표현은 좀처럼 쓰이지 않는다. 어려운 프로젝트를 부여받고 우거지상을 하고 있는 사람도 없다. 이들은 풀리지 않는 문제는 없다고 생각하며, 어떤 방식으로든 자신의 능력을 통해 문제를 해결할 수 있다고 생각한다.

물론 이들도 가끔은 실수하기도 한다. 하지만 실수 한 번으로 좌절하는 사람은 드물다. 오히려 실수에서조차 긍정적 깨달음을 발견해 낸다. 그래서 글로벌 문화 내에서는 실수에 관대하다. 실수를 앞으로 더 잘 할 수 있는 경력쯤으로 인정해 주는 것이다.

긍정적 혹은 부정적 태도는 부모의 양육 방식에서 큰 영향을 받는다. 긍정적 사고와 태도는 '긍정적 자아상'에서 비롯된다. 그 어떤 과제에도 쾌활하게 "할 수 있다!"라고 말하는 아이들은 자기 자신을 매우 신뢰하며 좋아한다. 자신을 믿고 좋아하기에 뭐든 해 내는 힘이 제 안에 있다고 믿는다. 실제 과제를 수행할 때도 자신을 믿는 힘이 크게 작용하기에 더 큰 역량을 발휘하고 끝까지 해 내는 것이다.

긍정적 자아상을 가진 아이들은 어린 시절부터 부모가 아이의 노력에 칭찬을 아끼지 않으며 늘 변함없는 신뢰와 사랑을 보여준다. 반면 부정적 자아상을 가진 아이들은 부모가 늘 남들과 비교하며 "네가 제대로 할 줄 아는 게 뭐니?"라고 다그치고 야단을 친다. 과정에서의 노력은 완전히 무시한 채 결과만으로 평가하며 궁지로 몰아넣으니 아이는 자신을 못나고 나쁜 아이라 생각하는 부정적인 자아상을 갖게 된다.

이렇듯 자기애가 부족하고 부정적인 자아상을 가진 아이는 결국 어른이 되어서까지 늘 주눅이 들어 어깨가 축 처져 있고, 매사에 안 될 이유부터 찾게 되는 것이다.

물론 어린 시절에 부정적인 자아상이 형성되었다고 해서 영원히 긍정의 마음을 갖지 못하는 것은 아니다. 지금부터라도 자신을 믿고 사랑하며, 세상을 긍정적으로 바라보려 노력한다면 숨어있던 긍정의 힘을 꺼낼 수 있다.

전 세계적으로 2백만 부가 넘게 판매된 조엘 오스틴 목사의 저서《긍정의 힘》에는 '인생이 100배 달라지는 최선의 삶을 위한 7단계'라는 내용이 실려 있다. 이는 첫째 비전을 키우고, 둘째 건강한 자아상을 일구며, 셋째 생각과 말의 힘을 발견하며, 넷째 과거의 망령에서 벗어나, 다섯째 역경을 통해 강점을 찾으며, 여섯째 베푸는 삶의 즐거움을 누리고, 일곱째 행복을 선택하는 것이다.

오스틴 목사는 이 일곱 단계를 일주일 동안 매일 하나씩 세상에 선포하라고 말한다. 그 일주일을 계속 반복하라고 말한다. 이 책에서 따로 언급하지는 않았으나 모든 인간은 자신의 믿음대로 원하는 바를 이룰 수 있는 무한한 가능성을 가지고 있다는 것을 말하고 싶었을 것이다.

긍정적으로 생각하면 세상에 불가능은 없다. 설령 처음의 목표대로 되지 않는다고 하여도 거듭 도전하거나 목표나 계획을 조금 수정하여 어떻게든 가능하게 만든다면 불가능이란 있을 수 없다.

이렇듯 부정을 긍정으로, 절망을 희망으로 변화시키는 것은 각자의 마음에 있는 것이고, 그 긍정적인 마음을 말로 표현하고, 작은 실천으로 발걸음을 내디딜 때 자신의 삶을 불행에서 행복으로 변화시키는 것이다!

이미지 관리로
품격을 갖춘다

성공한 CEO들에게는 그들만의 공통된 특징이 있다. 인품과 매너에서 우러나오는 감동도 크지만, 외모 또한 매우 깔끔하고 세련된 모습이다. 뚱뚱하지도 마르지도 않은 적당한 체격, 깨끗한 피부, 때와 장소에 잘 어울리는 옷차림 등으로 누가 봐도 단정하고 매력적인 이미지를 갖춘다는 것이 이들의 공통된 모습이다.

학업 성취도가 높고 매사에 열정적인 학생들을 보면, 그들 역시 자신의 이미지 관리에 소홀함이 없다. 이들은 바쁜 일과 중에도 매일 머리를 감고 교복을 단정히 입는다. 어쩌다 단추가 떨어졌다거나 얼룩이 묻어도 재빨리 기지를 발휘해 대처한다. 단추가 떨어진 셔츠를 입고 그냥 등교한다거나, 머리를 산발한 채로 수업에 들어오는 경우는 거의 없다. 긴 머리를 가진 여학생들도 반드시 머리를 깔끔히 묶어 핀으로 고정한다.

교복에 대한 태도 역시 여느 학생들과 무척 다르다. 충남삼성고에서 경쟁률이 가장 높은 동아리가 학교 홍보 동아리 '아이리스(Iris)'이다. 교화가 연보라의 예쁜 붓꽃 아이리스라서 홍보 동아리 이름을 아이리스라고 정했다. 입학하고 싶은 이유로 '아이리스'의 가입을 꼽을 정도로 이 동아리는 선망의 대상이다.

아이리스 학생들은 교복을 매우 소중히 여긴다. 교복을 몸에 꽉 맞게 줄여 입는 여느 학생들과 달리 이들은 항상 교복을 단정하고 품위 있게 입는다. 그것을 학생의 도리이자 자부심으로 여긴다. 단정한 교복을 입은 상태가 되면 말하고 행동하는 것은 물론이고 공부할 때의 모습도 반듯한 자세의 품격있는 모습을 갖추게 된다. 이런 모습이 다른 사람에게도 호감을 주며 좋은 인간관계를 맺는 계기가 되기도 한다.

호감을 높이는 글로벌 에티켓이다

'학생 인권 조례'가 실시되면서 학생들

의 모습은 정말 각양각색이 되었다. 다양한 스타일과 다양한 색의 머리 모양은 물론이고, 점점 짧아지는 치마와 놀이터나 운동장에서나 입을 법한 헐렁한 체육복 등 개성 가득한 모습이 학교에 가득하다. 옷을 개성 있게 입고 편하게 입는 것이 뭐가 그리 큰 문제인가 하겠지만, 학생에게 옷차림은 단순히 기능적인 면에만 그치지 않는다. 회사원이 단지 편하다는 이유로 무릎이 나온 체육복을 입고 슬리퍼를 신고 회사에 출근한다는 것이 상식적으로 이해가 되는가? 학생이라고 크게 다르지 않다. 회사원에게 직장에서의 역할과 지켜야 할 태도와 이미지가 있듯이 학생 또한 그렇다. 학생은 학생에게 요구되는 기본적인 태도와 이미지가 있고, 공부라는 본분도 있다. 흐트러지고 자유스러운 복장과 외모는 이런 학생으로서의 태도를 흐트러뜨릴 위험도 크다.

어디 그뿐인가. 학생이라고 영원히 학생의 신분에만 머물지 않는다. 얼마 지나지 않아 성인이 되고 직업을 가지면서 자신의 직업과 위치가 요구하는 외적인 모습과 태도를 갖춰야 한다. 필요에 따라서는 엄격한 격식과 형식을 요구하는 자리에 참석하는 일도 생긴다.

그런데 이러한 외적인 모습과 태도는 성인이 된다고 해서 하루아침에 갖춰지는 것이 아니다. 더군다나 학생 시절에 머리와 옷차림, 화장 등을 자신이 편한 대로만 했던 사람은 격식을 갖추고 단정히 해야 하는 것이 무척 어렵고 어색할 수 있다. 그러나 학창 시절에 교복을 단정하게 입고 몸가짐과 태도에 신경 썼던 사람은 그 직업과 위치가 요구하는 외적인 이미지를 갖추는 것이 어렵지 않으며, 격식을 갖춰야 하는 자리도 어색하지 않다.

우리가 남들의 평가에 신경 써야 하는 이유는, 그 평가가 거울이 되어 나에게 되돌아오고 내가 소속되어 있는 단체의 이미지를 좌우하기 때문이다. 또 상황에 맞지 않는 용모, 상대의 시각과 후각에 불쾌감을 주는 모습은 목표하는 일의 성취를 어렵게 하고, 내가 속해 있는 학교나 회사, 기관의 이미지를 나쁘게 할 위험도 크다. 중요한 계약을 성사시켜야 하는 자리에 빨갛게 염색한 부스스한 머리에 목이 축 늘어진 티셔츠에 운동화를 신고 나타난 사람을 신뢰하고 계약서에 사인할 이가 얼마나 되겠는가.

흐트러진 외모와 몸가짐은 단지 그 자체로 끝나지 않는다. 겉모습은 내면에 지속적인 영향을 준다. 흐트러진 외모가 되풀이되다 보면 어느새 생활까지 흐트러지고 만다. 정리정돈할 줄 모르는 사람은 삶 자체가 복잡해진다. 마치 비워지지 않은 쓰레기통처럼 생활에서도 해결되지 않은 일과 감정과 문제들이 쓰레기처럼 흘러넘친다.

이렇듯 자신의 이미지를 관리한다는 것은, 자신의 생활을 관리하는 것과 같다. 그래서 자신을 소중히 여기고 나의 자존감을 지키기 위해 이미지를 관리하는 것은 짧은 기간에 완성되지 않는다. 오랜 시간 노력하여 습관으로 만들어야 하는 것이다. 가정에서 부모로부터 배우는 예의범절, 학교에서의 단정한 용모는 어른이 되어서는 글로벌 에티켓을 갖추는 기본이 된다.

K-세계인은 전 세계를 무대로 자신의 역량을 떨치는 대표적 글로벌 미래인재인 만큼 누구의 지시나 감독 없이도 스스로 자신의 주변을 정리하고, 늘 몸과 마음을 청결히 유지하면서 인간미와 친근감을 줄 수 있어야 한다.

인사를
잘한다

명문고의 캠퍼스를 방문해 본 사람들은 처음 보는 낯선 사람에게 열심히 인사하는 학생들의 모습에 놀라곤 한다. 더욱이 학생들은 그저 고개만 숙이며 인사하는 것이 아니다. 두 손을 공손히 모으고 고개를 숙이면서 밝게 인사를 건넨다. 게다가 어른들에게 뿐만 아니라 자기들끼리도 이렇게 공손히 인사를 한다. 학교 밖의 세상에서는 좀처럼 볼 수 없는 아름다운 광경이다.

잘 알려진 대로 민사고는 예절을 매우 중요시 여기는 학교다. 특히 부모에 대한 효(孝)와 스승에 대한 경(敬)의 예절, 그리고 함께 배우는 선후배에 대한 존(尊)의 예절이 중요하게 상소된다.

신입생들은 입학하자마자 혼정신성(昏定晨省)의 문화를 배운다. 이것은 "날이 저물면 자식이 부모님의 이부자리를 정리해 드리고 (혼정), 새벽이 되면 부모님의 낯빛을 살펴 드린다(신성)."라는 우리 전통의 아침저녁 문안 인사를 뜻한다.

민사고에서는 이것을 스승을 향한 인사로 대신한다. 아침에는 검도 수련 전에 체육 선생님에게 큰절을 올리고, 저녁에는 사감 선생님에게 큰절을 올리는 것으로 하루를 마감한다. 물론 이 혼정신성의 습관은 매달 한 번 귀가할 때 부모님에게 그대로 실천되어야 함을 강조한다.

또한 신입생들은 저녁 신성 시간을 이용해 민사고의 인사법을 혹독하게 배운다. 그것은 '어른 앞에서는 손을 앞으로 마주 잡아 공수(拱手)를 한다'는 것이다. 이 인사법은 선배가 후배에게 먼저 실천하기 때문에 후배들이 따라 배우지 않을 수가 없다.

인사를 중요하게 여기기는 충남삼성고도 마찬가지다. 민사고처럼 엄격한 규칙은 없으나 대신 스승이 먼저 모범을 보임으로써 학생들이 저절로 따라 익히고 몸과 마음에 저절로 배도록 이끈다.

충남삼성고의 학생들은 매일 아침 6시 30분이 되면 운동을 하기 위해 기숙사에서 나와 운동장이나 체육관으로 향한다. 나는 개교 때부터 8년 동안 하루도 빠짐없이 먼저 나와서 학생들을 맞이하며 인사를 했다. 교장인 나를 비롯한 모든 선생님이 두 손을 배에 가지런히 모으고 학생들에게 "안녕하세요."라고 먼저 인사를 한다. 물론 학생들도 우리에게 두 손을 모은 공손한 자세로 인사를 한다.

이렇게 선생님들로부터 늘 인사를 받았던 학생들이기에 학교에 방문하는 모든 외부인께도 자연스럽게 인사를 하는데, 이런 문화가 어느덧 학교의 좋은 전통으로 자리 잡았다.

인사는 섬기는
마음을 표현하는 것

명문고는 왜 이렇게 학생들에게 인사를 중요하게 교육할까? 흔히 말하는 어른에 대한 공경, 벗에 대한 예의 차원으로 설명할 수도 있겠지만, 무엇보다 인사에 담긴 더 깊은 의미를 가르치기 위함이다.

인사(人事)는 사람 인(人)과 일 사(事)로 구성된 단어로, '사람이 하는 모든 일의 근본'을 뜻한다. 또 사람 인(人)과 섬길 사(事)로 사람을 섬기는 일이라고도 해석할 수 있다. 즉 사람으로서 해야 할 근본은 사람을 섬기는 일이며, 그 마음을 행동으로 표현한 것이다. 그래서 인사를 잘한다는 것은 상대방에게 좋은 인상을 주는 것 외에도 많은 교육적 의미를 지니고 있다.

학생들이 인사를 통해 배우게 되는 가장 중요한 가르침은 자신의 몸을 낮추는 겸손의 미덕을 갖게 되는 것이다. 위대한 인물(큰 사람)과 주위 어른들에 머리 숙여 겸손을 표하는 것은 배우는 사람의 기본자세다. 큰사람이 되기 위해서는 섬길 줄 알아야 하고, 학문적으로 크게 성취하기 위해서는 진리에 대한 겸허한 마음 즉, 정말 알아야 할 것을 모르고 있다는 겸손한 마음이 있어야 한다.

"너 자신을 알라."

소크라테스가 마지막으로 남긴 이 말은 사실 그 이전에 델피 신전의 벽에 새겨진 경구였다. 소크라테스는 고민이 생길 때마다 이 신전을 찾아가 진리를 찾게 해달라며 아폴로에게 기도했다.

도대체 "너 자신을 알라"는 것은 무엇을 알라는 뜻일까. 당대의 많은 진리 탐구자들이 이 문제를 놓고 고민해 봤으나 정답은 나오지 않았다. 그런데 소크라테스가 그 답을 찾아냈다. "너 자신을 알라"라는 말은 "진리를 모르는 너 자신을 알라"라는 말이었다. 소크라테스의 깨달음은 '나의 무지에 대한 깨달음'이었다.

소크라테스가 당대 최고의 철학자가 될 수 있었던 것은 자신이 모른다는 것을 잘 알았기 때문이다. 그는 모른다는 것을 알기 때문에 늘 알기 위해서 노력했고, 그래도 풀 수 없는 진리 앞에서 늘 겸손했다.

아이들은 스스로 고개를 숙이며 인사하는 과정을 통해 자신이 아직 부족한 존재, 더 많이 채워야 하는 존재임을 깨닫는다. 이런 깨달음과 태도는 상대에 대한 존중과 존경으로 이어짐과 동시에 배움에 대한 열정으로 이어진다. 부족한 나를 알기에 배움을 통해 그것을 더 채우려는 열망이 샘솟는 것이다.

부족한 나에 대한 인정과 상대에 대한 존중과 존경의 태도 외에도 인사는 인간관계를 더욱 친숙하게 해주는 최고의 윤활유이기도 하다. 학창 시절에 밝은 인사성을 갖추도록 품성을 키워두면 훗날 사회에 나가서도 좋은 평가를 받는다.

밝고 환한 인사는 상대방이 나에 대해 가지고 있는 긴장감이나 어색함을 해소해 주어 더 빨리 친숙해지고 좋은 인간관계를 맺게 해준다.

특히 글로벌 기업의 문화는 인사로 시작해서 인사로 끝난다. 그것도 다소 과장되었다 싶을 정도로 밝고 쾌활하게 인사한다. 이들은 누구에게든 눈만 마주치면 "How are you?"라고 묻고, 인사를 받은 사람은 대부분 "Great!(좋아요!)", "Terrific!(굉장해요!)", "Couldn't be better!(이보다 더 좋을 수 없어요!)"와 같이 긍정적인 대답을 한다. 글로벌 사회에서는 바로 이런 인사의 과정을 통해 사람들과 교류하고 마음의 긍정성을 불러낸다.

단 10초도 걸리지 않는 짧은 순간이지만 인사에는 이렇듯 많은 의미가 담겨 있다. 우리 아이들을 미래의 글로벌 리더로 만들

어 줄 엄청난 힘이 숨어있으며, 인간을 향한 존중과 섬김의 마음
이 깔려있기에 상대와 나 사이에 마음의 온도도 한껏 올려 줄 수
있다. 그리고 무엇보다 자신의 부족함을 인정하는 겸허함이 결국
엔 더 큰 성숙으로 이르게 해준다.

자신의 단점을
잘 알고 있다

30여 년 전 서울 강남의 현대고등학교에서 윤리를 가르치던 시절의 일이다. 어느 날 학생 몇 명이 찾아와 조심스레 나에게 부탁했다. 자신들이 힘을 모아 '더불어 살아가기 운동'을 하려고 하는데 나더러 지도교사가 되어 달라는 것이었다. 반갑고 기특한 마음에 어떻게 그런 생각을 하게 되었느냐고 물었다.

"우리 학교가 강남 8학군의 핵이라서 잘사는 집 아이들만 모여 있고, 공부는 잘해도 성격이 이기적이라는 소리를 많이 듣잖아요? 정말로 이기적인 사람이 되지 않기 위해 봉사 활동을 해보자고 생각했습니다."

우리는 이 생각을 곧바로 실천에 옮겨 봉사 동아리인 '함사사'를 결성했다. '함사사'는 '함께 사는 사람들'의 줄임말이었다.

동아리 학생들은 공부하는 틈틈이 시간을 내어 지역의 복지 단체를 방문해 장애우를 돕고 수화로 공연을 했다. 또 학교 안에 남아도는 참고서와 학생들이 보지 않는 참고서를 기증받아서 축제 기간에 운동장에서 판매해 그 수익금으로 어려운 이웃을 도왔다.

그렇게 1988년에 탄생한 함사사는 지금도 현대고등학교에서 봉사 동아리로 활동하고 있다. 당시 함사사를 만들어 함께 활동했던 제자들은 어느덧 50대의 중년이 되어 우리 사회 곳곳에서 선한 영향력을 만들어가고 있다

단점을 극복하면
장점이 된다

30여 년 전, 현대고등학교 동아리 아이들이라고 시간이 남아서 봉사 활동을 한 것은 아니다. 모두가 대학 진학을 위해 잠을 줄여 가며 공부하던 학생들이었고 성적도 우수했다. 학생들은 유복한 가정에서 공부만 하면서 곱게 자란 탓에 이기적이라는 세상의 평을 겸허하게 받아들였다. 그것은 편견일 수도 있으나 사실일 수도 있는 말이다. 실제로 강남의 학교 문

화는 모든 것이 공부 위주로만 돌아가고 있었기에 자칫 아이들이 이기적 성향이 될 가능성이 컸다.

아이들은 어쩌면 자신의 결함이나 단점일 수도 있는 문제에 관심을 가졌고, 그것을 해결하고 개선하기 위해 고민했다. 그 고민의 끝에 찾은 답이 타인의 어려움에 공감하고 작으나마 도움을 주려는 봉사 활동으로 나타났다.

모두가 부러워하고 존경할만한 큰 성공을 거둔 이들 중에 뛰어난 두뇌와 재능 덕분에 저절로 성취하고 성공을 이룬 이가 얼마나 될까? 이들 중 대부분은 목표를 세우고 그것을 성취하기 위해 노력했으며, 그 과정에서 자신의 단점이 발견되면 한동안 그것을 해결하는 데 집중하여 지금의 결과를 만들어냈다.

2018년 제23회 평창 동계올림픽 쇼트트랙 여자 1500m 금메달을 비롯해 여러 굵직한 세계 대회에서 금메달을 석권하며 현 여자 쇼트트랙 세계 최강의 선수로 인정받는 최민정 선수는 어릴 때부터 별명이 '연습벌레'였을 정도로 남다른 열정을 보였다.

서양 선수들에 비해 체구가 작은 최민정 선수는 자신의 체력적 단점을 보완하기 위해 아웃코스로 치고 나가 상대를 추월하는 그만의 필살기를 개발했다. 대부분의 선수가 코너지점에서 거리를 최소화하기 위해 인코스로 돌면서 몸싸움을 벌이는데 이때 체구가 작은 사람은 밀릴 수밖에 없다. 최민정 선수는 자신의 이러한 신체적 단점을 극복하기 위해 거리가 먼 아웃코스로 빠지는 대신 스피드로 이를 보완했다. 즉, 남들보다 긴 거리를 달리지만 더 빠르게 달린 덕분에 늘 금메달을 차지하는 것이다. 체구가 상대적으로 열세인 선수가 경쟁자를 뛰어넘기 위해 들인 노력은 가히 상상할 수 없을 정도일 것이다.

최민정 선수와 같이 단점이라고 하여 극복하지 못할 건 없다. 자신의 단점임을 알고 꾸준히 노력한다면 오히려 장점을 만들어 내는 훌륭한 자극제가 된다.

학생도 마찬가지다. 학생들은 어른들과는 달리 가질 수 있는 특권이 있다. 주어지는 문제에 대해 틀릴 수 있는 특권이다. 학교에서 주어지는 모든 과목을 다 잘할 수는 없다. 상대적으로 취약한 과목이 있을 수 있다는 것을 부모나 교사는 이해해야 한다.

문학과 외국어에 흥미가 많은 학생 중에는 수학의 학습에 필요한 기초를 충분히 쌓지 못한 채 고등학교에 입학할 수도 있다. 그런데 수학 선생님들은 기초가 부족한 학생들을 고려할 여력이 없이 정상적인 고등학교 수학의 중간쯤에 위치하는 가상의 학생을 대상으로 수업을 진행하게 된다. 이렇게 되면 기초가 부족한 학생들은 실력을 보완하기는커녕 일반 학생들과의 수학 학습 격차가 더욱 벌어질 수밖에 없다.

이런 학생들을 위해서 충남삼성고에서는 개교 때부터 기초수학이라는 과목을 개설하여 자유롭게 신청하도록 하였다. 이 과목을 신청하면 수학을 못 한다는 사실을 남들이 알게 되지만, 자신의 취약점을 아는 많은 학생들이 신청하여 두 반을 개설했다. 이 반의 수업은 예상과는 달리 활기가 넘쳤다. 일반 수학 시간에 주눅이 들어 질문하지 않았던 학생들이 활발하게 질문하기 시작했고, 앞에 나와서 문제를 푸는 학생들도 점점 늘어났다.

자신의 부족함을 인정하고 고치려고 노력하는 학생들과 이들을 친절하게 지도하는 선생님이 계신 곳에서는 그 부족함이 영원한 단점으로 남지 않고 얼마든지 극복할 수 있다.

"선생님, 수학에서 90점을 넘어 본 것이 태어나 처음이에요. 저도 이젠 수학을 잘할 수 있을 것 같아요."

아이들이 스스로 부족함을 채우고 성장하는 모습을 보면서 이 과목의 담당 선생님은 학생들과의 수업에서 많은 행복감을 느꼈다고 한다.

성취하는 아이들은 어려울수록, 못할수록, 힘들수록 그 안에서 자신의 단점을 파악해 그것을 채우고 더 큰 단계로의 도전을 즐긴다. 잘하는 것만 하려 드는 아이는 처음에는 그 재능으로 주목을 받겠지만, 어려움이 닥치면 주저앉거나 쉽게 무너지는 경향이 있다. 진정으로 성취를 즐기는 아이는 단점 앞에서 강해지고 오히려 승부욕이 발동하게 된다.

아침 시간을
잘 활용한다

민사고에 재직하던 시절, 최명재 이사장은 학교 문제로 의논할 일이 있으면 늘 내게 '아침 6시 조찬'을 제안했다. 당시 이사장은 회사와 학교를 함께 경영하고 있어서 하루 24시간이 모자라는 분이었다.

우리는 아침 6시에 식사를 하며 회의했는데, 이사장은 할 얘기를 꼼꼼히 준비해 와서 추가 회의가 필요 없을 정도였고, 학교에 관한 모든 업무를 그 시간에 다 해결했다. 신속하고 원활한 회의를 위해 새벽 4시에 기상하여 모든 것을 준비해 온 것이다.

성공한 사람들의 대부분이 이른 기상을 실천하는 아침형 인간이라는 것은 잘 알려진 사실이다. '프랭클린 플래너'의 창시자인 하이럼 W. 스미스가 쓴 《성공하는 시간관리와 인생관리를 위한 10가지 자연법칙》이라는 책에는 아침 3시간의 활용을 강조한 '매직 아워 3' 이론이 등장한다. 성취를 많이 하는 사람의 공통점은 보통의 일과가 시작되기 전의 3시간을 확보해, 이것을 자기계발과 성찰의 시간으로 활용한다는 것이다.

오랫동안 기숙학교의 아이들을 지켜보면서 이러한 '매직 아워 3' 이론이 성취를 잘하는 학생들에게도 적용된다는 사실을 알게 됐다. 학업 성적이 우수하고 매사에 적극적인 아이들은 아침에 일찍 일어난다. 학업에 열정이 있는 학생들은 수면시간과 관련하여 크게 두 부류로 나뉜다. 하나는 한 글자라도 더 보고 자려고 졸음을 참고, 먼동이 터 와야 잠자리에 드는 학생들이다. 또 다른 하나는 밤 11시에서 새벽 1시 정도의, 정해진 취침시간이 되면 책을 덮는 학생들이다. 대신 이들은 아침에 일찍 일어난다. 새벽 5시혹은 6시에 기상해 남들보다 먼저 하루를 준비한다.

공부에 쏟는 전체 시간을 따진다면 별 차이가 없을 수도 있겠지만, 사실 이들의 차이는 '하루의 출발'에 있다. 잠에 취해서 시간에 쫓기며 허둥지둥 시작할 것인가, 맑은 정신으로 하루를 계획하며 시작할 것인가? 출발이 어떠했느냐에 따라 하루의 생산성은 300%가 될 수도 있고 30%가 될 수도 있다.

기숙학교는 대부분 취침시간이 정해져 있기에 더 많이 공부하고 싶으면 아침 시간을 활용하는 수밖에 없다. 그래서 상당수의 학생이 일찍 일어나 하루를 준비한다. 수업준비를 하는 아이도 있고, 책을 읽거나 편지를 쓰는 시간으로 정해 놓은 아이도 있다. 무엇을 하든지, 아침 시간을 잠으로 보내는 올빼미형 아이들보다 훨씬 더 나은 결과를 만들어낸다.

하루 30분, 나만의 '조용한 시간'을 가져라

나는 학생들에게 하루 24시간 중 적어도 30분 정도는 공부 이외의 것을 고민해보는 시간을 가질 것을 권한다. 공부만 하며 달려가다 보면 인생에서 정말 중요한 것을 잃어버릴 수도 있기 때문이다. 이때 그 30분을 자신의 삶에서 정말 중요한 것이 무엇인지 되돌아보고, 나는 과연 그것에 최선을 다하며 살고 있는지 반성하는 시간으로 활용해도 좋다.

나 또한 매일 아침 일찍 일어나 30분간은 나만의 조용한 시간 (QT, Quiet Time)을 갖는다. 나는 그 30분을 일과 가정과 신앙에 둔다. 개인적인 일로 학교 일에 소홀하지 않았는지, 일로 인해 가정에 소홀하지 않았는지, 신앙적 양심에 따라 옳게 행동하고 있는지 등 반성의 시간을 갖는다.

교인들 중에도 모범적인 신앙생활을 하는 분들은 새벽기도회에 빠지지 않고 참석한다. 보통 새벽 5시나 5시 반에 기도회를 시작하기에 최소한 한 시간 전에는 기상해야 한다. 내가 첫 교직을 시작했을 때 만나 인연을 이어온 영락중학교의 김재수 교장 선생님은 근무 당시 아무리 바쁘고 힘든 일이 있어도 다음 날 새벽기도회에 절대 빠지지 않으셨다. 기도 시간이 끝나면 간단히 아침 식사를 한 후 학교로 출근하여 미리 하루의 일과를 정리하고 업무를 시작하는 모습을 볼 수 있었다.

나의 하루도 비교적 이른 시간에 열린다. 늘 5시 이전에 기상하고 5시 50분에 학교에 도착하여 일과를 시작한다. 많은 훌륭한 신앙인들이 새벽에 일어나 기도를 하면서 하루를 시작하듯 나에게 있어서 가장 성스러운 곳이 내가 근무하는 학교이기에 출근하면 조용히 나만의 QT 시간을 갖는다. 그리고 6시 20분이 되면 학생들을 맞이하기 위해 운동장에 나간다.

이렇듯 이른 시간에 일어나서 자신의 몸을 깨끗하고 단정하게 하며, 자신의 마음을 돌아보고 반성한 후 하루를 계획하면 그날에 주어진 일들을 차분하고 여유 있게 해낼 수 있다. 또 시간의 여유가 생기기에 나를 위한 또는 타인을 위한 일을 한가지라도 더 할 수 있게 된다. 당면한 목표와 당장 처리할 일로 바쁘게 살아가는 현대인들은 밤늦게까지 무언가를 하다 보니 내 주위를 살필 여력이 없다. 심지어 내 몸이 상하는지도 모르고 늦게까지 일하다 다음날 겨우 잠에서 깨서 허둥지둥 학교로 회사로 향한다.

열심히 일하고 바쁘게 사는 것은 좋지만, 마음의 여유는 물론 시간의 여유도 찾아야 한다. 그래야 나의 몸과 영혼이 상하지 않는지, 혹시나 나로 인해 상처받는 사람은 없는지 주위를 돌아보며 살 수 있다.

매일 일정한 시간을 내어 나의 삶에 대한 근원적인 질문을 던져보자. 왜 1등이 되고 싶은가, 왜 공부를 하는가, 왜 대학에 가고 싶은가에 대한 고민과 성찰의 시간을 가지고 그 해답을 찾아보자. 더불어 나는 지금 내 꿈과 목표를 향해 맞게 가고 있는지, 나의 꿈은 사회에, 인류에 어떤 긍정적인 영향을 끼칠 수 있는지도 질문해보자. 1등을 하고, 세계적인 명문대에 진학하는 것은 우리 삶의 과정일 뿐 결코 목적은 아니기에 궁극적으로 무엇을 이루기 위해 공부를 하는지 그 이유를 찾아봐야 한다.

'조용한 시간'은 저녁이어도 좋고 아침이어도 좋다. 하지만 세상의 기운이 가장 맑고 깨끗한 새벽 시간을 활용하는 것이 더 효과적이다. 그 시간은 고요하다. 오로지 자신의 것이다. 성취하는 학생들은 그 시간을 찾아낼 줄 안다.

반드시 지켜야 하는
원칙이 있다

　성취수준이 높은 아이들은 자기 자신에게 매우 엄격하다. 이들은 학업에 있어서의 성취뿐만 아니라 도덕적 자율 의지가 강하다. 자율(自律)이란, 스스로(自) 규칙과 원칙(律)을 정하고 이를 스스로 실천함으로써 자기다움을 만들어가는 것을 의미한다. 이들은 남들이 정해 놓은 도덕적 규칙과 규정을 마지못해 지키는 것이 아니다. 자신의 성장과 발전을 위해서 꼭 필요한 것, 남에게 피해를 주지 않기 위해서 절대 하지 말아야 할 것, 글로벌 리더가 되기 위해 반드시 준수해야 할 것을 스스로 만들고 지키려 노력한다.

　이런 태도를 조금 더 강조해서 말하면 '필신기독(必愼其獨)'하는 사람이다. 필신기독이란 혼자(獨) 있을지라도, 반드시(必) 조심하고 삼가(愼)한다는 것을 의미한다. 다른 사람들이 볼 때는 모든 원칙과 규칙을 잘 지키다가도 아무도 없는 혼자일 때는 아무렇게나 살아가는 그런 모습이 아니다. 이들은 누가 지켜보든 보지 않든 스스로 원칙과 규칙을 준수하는 모습을 보인다. 이는 글로벌 인재의 지수를 확인하는 방법 중 하나인 도덕지수, 즉 엄격한 원칙의 실천으로 타인에 대한 존중과 예의, 도덕적 인품을 지키는 지수가 매우 높다는 의미이기도 하다.

윤리적인 마음이 역량을 빛나게 한다

성취수준이 높은 아이들은 매우 성실하다는 특징이 있다. 이들은 '지금 여기(here and now)'에 집중한다. 수업 시간에는 수업에, 운동시간에는 운동에, 식사하는 시간에는 식사에 열중한다. 과제물을 수행할 때도 매우 성실하다. 책을 읽고 감상문을 제출하라고 하면 아무리 두꺼워도 처음부터 끝까지 한 페이지도 빼놓지 않고 다 읽는다. 일부 요령 있는 학생들은 인터넷에서 다이제스트를 구해 읽고 그럴듯한 에세이를 제출하지만, 성실함이 몸에 밴 학생들은 반드시 정독·통독을 한다.

이들의 성실함은 단지 집중하여 열심히 한다는 의미만은 아니다. 식사 시간, 운동 시간, 수업 시간은 나 자신 혹은 타인과의 약속이기에 그것을 지키는 것은 도덕적 원칙을 지키려는 노력이기도 하다. 더군다나 선생님이 내주신 과제물은 반드시 지켜야 할 약속이기에 더더욱 철저하고 성실하게 따르는 것이다.

성취수준이 높은 아이들은 자기 자신을 속이고 실망하게 하는 것을 가장 싫어한다. 그래서 매사에 정직하려고 노력한다. 자신에게 자부심을 갖기 위해서는 스스로 도덕적 원칙을 지켜 당당해야 한다는 것을 잘 알고 있기 때문이다.

도덕적 원칙은 학생 개개인의 사고방식과 신념에 따라 여러 방향으로 나타난다. 남에게 폐를 끼치지 않는 것을 철저한 원칙으로 지키는 학생, 부모님에 대한 효와 예를 중요한 원칙으로 삼는 학생, 종교적 규율을 중요하게 여기는 학생 등 자기를 가장 자기답게 만드는 것들을 원칙 삼아 스스로 지키는 것이다.

외대부속외고에는 GLM(Global Leader Monitor)이 있고, 민사고에는 명예위원회(Honour Committee), 충남삼성고에는 품격위원회가 존재한다. 이것은 리더로서 부끄러운 일이 일어나지 않도록 하기 위한 기구들로, 리더를 양성하는 학교로서 좋은 전통을 수립하려는 노력 중 하나이다.

외대부속외고의 GLM은 바른 수업, 바른 용모, 바른 예절을 학생들 스스로 지키도록 하는 자율 기구로서, 이러한 학교의 원칙을 지키도록 캠페인도 하고, 이를 어기면 학생들 스스로 적발해 좋은 전통을 쌓아 나가도록 한다.

민사고의 명예위원회에서 주로 단속하는 것은 학교의 3대 금기 사항인 '3 No'이다. 즉 No lying(거짓말 금지), No stealing(절도 금지), No cheating(부정행위 금지)이다. 만약 이 세 가지 중 하나라도 어긴다면 명예위원회의 조사를 거친 뒤 학생들 스스로 벌을 내릴 수 있도록 하였다.

충남삼성고의 품격위원회에서는 학생들의 용모만이 아니라 수업 시간에 지켜야 할 5대 원칙이 잘 지켜질 수 있도록 스스로 모범이 되고, 학생다운 모습을 갖추기 위해 활발한 캠페인을 벌이기도 한다.

이런 기구들은 학생이 주체가 되어 스스로 도덕적 원칙을 세우고 모든 학생이 지킬 수 있도록 규율화했다는 데 큰 의미가 있다.

한편 지식을 배우고 익히는 사람으로서 반드시 지녀야 할 도덕적 원칙 중의 하나는 표절(plagiarism)의 엄격한 금지다. 표절은 다른 사람이 생산한 지적재산을 훔쳐 오는 행위다.

학생들이 그 본분인 공부를 하는 데 있어서 지켜져야 할 가장 중요한 것은 시험에서 좋은 성적을 얻는 것이 아니라 정직하게 공부하는 것이다. 정직성(Academic Honesty)의 바탕 위에서 쌓은 지식이 진짜 자기 실력이 되기 때문이다.

우리 사회에서 종종 일어나는 표절 논란을 보면, 한국인이 지적재산에 얼마나 둔감한지 알 수 있다. 일부 대학 사회에서 조교의 논문을 교수가 가로채거나, 참가하지도 않은 연구 논문에 단지 유명 교수라는 이유만으로 버젓이 이름을 올리는 경우가 허다하다. 이것 역시 표절의 일종이다. 성공과 명예를 위해 도덕적 양심을 저버리는 행위다.

학교는 학생들에게 지식의 생산자가 되라고 독려함과 동시에, 이런 비도덕적인 일을 혹독히 비판하고 남의 지식을 훔쳐 오는 것은 명백한 범죄라는 사실을 엄하게 가르칠 필요가 있다.

성취하는 학생은 이 모든 도덕적 원칙들을 지키면서, 그 테두리 안에서 자신의 역량을 최대로 발휘한다. 성적에 연연하는 아이들이 인터넷에 올려진 남의 글을 베끼며 과제물을 제출하는 동안, 성취하는 학생은 좀 부족하더라도 스스로의 사고에 의해 글을 쓴다. 그 결과가 나타나는 것은 불과 5년이면 충분하다.

늘 남의 지식과 정보에 의존해 온 사람은 자신의 지식을 창조하지 못한다. 학문과 공부에 있어서 지켜야 할 학문적 정직성이 있을 때 다른 사람이 쌓아놓은 지식과 정보를 소중하게 여길 줄 안다. 나아가 이를 바탕으로 지식과 정보의 소비자가 아닌 생산자로의 자신을 만들어가는 것이다.

다중 지능이론으로 잘 알려진 하버드 대학교의 하워드 가드너 교수는 미래에 필요한 다섯 가지 마음가짐으로 훈련된 마음, 종합하는 마음, 창조하는 마음, 존중하는 마음, 윤리적인 마음을 제시하였다. 이는 곧 K-세계인으로 성장하는 아이들이 갖춰야 할 다양한 미래역량들은 결국 윤리적인 마음과 태도가 전제될 때라야 비로소 빛을 발할 수 있음을 의미한다.

좋은 습관을
갖고 있다

수학자이자 철학자인 파스칼은 "습관은 제2의 천성으로 제1의 천성을 파괴한다."라고 했다. 그만큼 습관은 고치기도 힘들며 중요하다는 의미일 것이다. 실제로 많은 사람이 꾸준히 몸에 밴 크고 작은 습관들로 인생의 성패가 결정될 정도의 상황을 맞기도 한다.

습관이란 특별한 생각이나 의지 없이 저절로 똑같은 행동을 반복하게 되는 상태를 말한다. 게다가 오랫동안 같은 행동을 반복한 탓에 이미 몸이 기억하고 굳어진 상태라 고치거나 바꾸기도 쉽지 않다. 물론 이런 습관의 특징을 긍정적으로 활용하면 삶을 더 발전적이고 성공적으로 이끌 수 있다. 습관은 나쁜 습관만 있는 것이 아니고 좋은 습관도 얼마든지 있다. 나쁜 습관은 고치고 좋은 습관을 일부러 몸에 배게 한다면 삶을 더 나은 방향으로 바꿔 나갈 수 있다.

우리는 하루 24시간 내내 습관의 지배를 받는다. 아침을 시작하는 습관, 공부하는 습관, 먹는 습관, 운동 습관 등이 우리의 몸과 마음과 정신을 지배한다.

나쁜 습관을 가진 사람은 건강이나 일, 인간관계 등 삶의 다양한 영역에서 여러 골치 아픈 문제가 생겨난다. 그리고 급기야 인생이 나락으로 내몰리기도 한다. 반면에 좋은 습관을 가진 사람은 삶이 점점 긍정적, 발전적으로 변화하고 마침내 목표를 이루고 바라던 성공에 도달하게 된다.

습관도 노력으로
바꿀 수 있다

그렇다면 좋은 습관을 습득하려면 어떻게 해야 할까? 2010년 런던대학교 심리학과 제인 워들(jane Wardle) 교수 연구팀은 96명의 희망자를 받아 자신이 습관으로 만들고 싶은 행동 한 가지를 선택하게 했다. 그리고 그 행동이 습관화되기까지 얼마나 걸리는가를 실험했는데, 그 결과 참가자들이 새로운 습관을 만들기까지 걸린 시간은 평균 66일이었다고 한다.

평소 습관의 중요성을 절감하고 있던 나는 충남삼성고를 개교하면서 이 원리를 적용하기로 했다. 그래서 학생들에게 꼭 필요한 9가지 습관의 목록을 정하여 66일간 집중적으로 지도하는 충남삼성고 인성교육 프로그램인 'MSMP(Miracle of 66 days Melting Pot)'를 개발해 현재까지 꾸준히 이어오고 있다.

66일 동안 학생들이 습득하도록 하는 9가지 습관은 대단한 것이 아니다. 인사 습관, 단정한 용모, 독서습관, 언어예절, 시간 준수 등 학생으로서 당연히 행해야 할 습관들이다. 단지 많은 학생들이 훈련할 시간이 부족했던 탓에 아직 습관으로 길들이지 못한 것들이다. 지난 8년간 이 66일의 MSMP를 시행하면서 나는 학생들의 변화를 직접 눈으로 확인할 수 있었다.

더군다나 이 66일이란 기간은 새로운 습관을 형성하는데 필요한 기간이기도 하지만, 좋지 않은 습관을 버리는데 필요한 기간이기도 하다. 따라서 이 기간에는 좋은 습관을 갖도록 하는 것만이 아니라 학습 생활에 도움이 되지 않았던 습관들을 버리는 훈련도 한다. 그 대표적인 것이 핸드폰을 사용하지 않는 것이다.

MSMP는 2월 마지막 주부터 5월 첫 주까지 66일간 진행되는데, 충남삼성고는 기숙학교이기에 학생들은 이 기간 동안 모두 기숙사에 머물게 된다. 66일 동안은 외출도 안 되며, 사교육과도 작별해야 한다. 그뿐만이 아니다. 핸드폰 사용도 할 수 없다. 학업 외의 시간에는 인터넷도 사용할 수 없다. 숨을 쉬는 것만큼이나 핸드폰과 인터넷 사용이 습관이 된 아이들은 처음엔 금단현상을 느낄 정도로 힘들어하지만 점점 익숙해지는 모습을 보이게 된다.

66일의 대장정이 끝나고 학생들의 소감을 들어보면 "너무 힘들었지만 이 66일을 견뎌낸 자신이 대견하다", "핸드폰 없이 두 달 넘는 긴 시간을 보낸 자신이 너무 놀랍다"라며 뿌듯해하는 모습을 볼 수 있다.

나쁜 습관을 없애는 시도와 좋은 습관을 들이려 노력하는 과정에서 학생들은 습관의 힘이 얼마나 중요한지도 새삼 깨닫게 된다. 실제로 많은 학생들이 66일의 기간에 들인 좋은 습관을 이후에도 꾸준히 이어가려 노력하는 모습을 보인다. 심지어 평생을 이어갈 습관으로 이미 굳어진 것들도 많다. 나는 충남삼성고 교육의 성과는 바로 이 66일의 습관형성 기간 때문이라고 생각한다.

성취하는 학생은 이러한 습관의 힘을 알기에, 되도록 좋은 습관을 갖기 위해 노력한다. 그들은 아침에 일찍 일어나고 정해진 시간에 잠자리에 드는 규칙적인 생활을 한다.

또 이들은 정리정돈을 매우 잘한다는 공통된 습관이 있다. 책상 위에는 항상 교과서, 참고서, 책, 공책 등을 단정하게 정돈해 언제 어느 상황에서도 공부를 시작할 수 있도록 만반의 준비를 해 놓는다.

어떻게 하면 좋은 습관을 형성할 수 있는가를 아는 학생들은 남들은 잘하지 않는 자신만의 특별한 생활습관을 만들어가기도 한다. 어떤 학생은 매일 학습 일기를 쓴다. 그날 공부한 내용을 기록하고 자신이 어느 정도 이해했는지 스스로 평가하고 반성하는 일기다. 또 어떤 학생은 생활에 도움이 되는 좋은 책을 매일 30분씩 읽는다. 그중 마음에 새길 글귀는 꼭 수첩에 기록해 둔다. 시험 기간에도, 과제가 쌓여도 이 습관을 포기하지 않는다.

한편 성취하는 학생은 자신의 나쁜 습관을 발견하면 고치려 노력하는 것에도 매우 적극적이다. A학생은 점심시간도 아까워서 책을 보며 밥을 먹는 습관이 있었다. 하지만 어느 순간, 자신이 늘 책을 보고 있어서 밥도 혼자 먹게 되고 친구들도 잘 사귀지 못했다는 사실을 깨달았다. A는 과감히 책을 접고 식사 시간에 집중하기로 마음먹었다. 그 결과 많은 좋은 친구들을 사귀게 되었고, 학교생활이 재미있어졌으며, 공부가 더 즐거워졌다.

많은 학생이 몸에 좋지 않은 초콜릿, 과자, 커피 등 야식의 유혹을 뿌리치기 힘들어한다. 이런 식품들은 집중력을 떨어뜨리고 청소년 시기의 건강에 해를 끼친다. 게다가 야식을 먹는 습관을 들이면 아침에 속이 더부룩해 밥을 거르게 되고, 하루의 컨디션이 좋지 않아 학습 능력이 떨어진다. 아침밥을 거르면 오전 시간에 다시 간식을 유도하게 되고, 그 때문에 점심 식사 역시 제대로 할 수가 없다. 이처럼 나쁜 습관은 연쇄적으로 또 다른 나쁜 습관을 불러온다.

성취하는 학생들은 따뜻한 우유와 과일 정도로 야식을 제한하고 심한 공복감이 들기 전에 취침한다. 아침에 일어나서는 꼭 밥을 먹는다. 식사는 하루 3끼를 규칙적으로 챙겨 먹는다. 규칙적인 식생활은 규칙적인 생활습관과 밀접한 관계가 있기 때문이다.

습관의 힘은 상상 이상으로 크다. 습관을 만드는 것은 '나'이지만 결국엔 그 습관이 나를 잠식하여 내 삶을 극과 극의 방향으로 몰고 간다. 그러니 좋은 습관은 의식적으로 반복하여 내 안에 차곡차곡 쌓고, 나쁜 습관은 강한 의지로 끊어내야 한다. 세 살 버릇은 고치지 않으면 여든까지 갈 수밖에 없다. 하지만 스스로 고치려고 노력하면 당장 내일부터라도 고칠 수 있다.

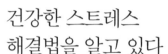

건강한 스트레스
해결법을 알고 있다

IB에서 필수적으로 이수하도록 하는 것이 CAS(Creativity, Activity, Service)이다. 봉사 활동뿐만 아니라 음악, 미술과 같은 창조적 활동, 체육 또는 지역사회에서의 클럽 활동을 하도록 추천하는 것이다. 공부하기에 바쁜 학생들에게 IB가 이런 활동을 요구하는 이유는 무엇일까? 그 활동으로부터 무엇을 보려는 것일까.

그것은 리더십이나 봉사 정신, 적극성, 열정 등일 수도 있겠지만, 더 중요한 것은 학생의 시간 활용도를 체크하는 데 있다. 즉, 여유 시간이 생겼을 때 그 시간을 어떻게 활용하는지 '타임 컨슈밍(time consuming)'의 태도를 살펴보는 깃이다. 이를 통해 공부

이외에 주어진 시간에 생산적이고 의미 있는 활동을 하며 건강한 생활을 하는 학생인지를 확인할 수 있기 때문이다.

공부 이외의 시간을 어떤 활동으로 채우는지를 보면 그 학생의 생활 태도와 삶의 자세를 짐작할 수 있다. 학생의 스포츠 활동, 음악 활동 등에 큰 의미를 두는 것은, 이러한 활동들이 하루아침에 이루어지는 것이 아니라 오랫동안 꾸준한 연습을 통해 쌓을 수 있기 때문이다.

어느 학생이 학교 오케스트라에서 단장을 맡았다면 그것은 그 학생이 초등학교 시절부터 여가시간을 활용해 악기를 연주하는 훈련을 해왔음을 의미한다. 미식축구단에서 쿼터백으로 뛰었다면 그것은 어릴 때부터 시간이 날 때마다 운동장에서 땀을 흠뻑 흘렸음을 의미한다. 대학의 입학심사위원은 이러한 정보로부터 그 학생이 건강한 학교생활을 해왔음을 추론해 낸다. 또한 이것이 그 학생이 가진 생활 태도이자 삶의 자세라는 점을 포착해 낸다.

피곤은 덜고
에너지는 채우자

학생들에게 공부 이외의 시간은 학업에서 비롯된 스트레스를 풀 좋은 기회이다. 이런 시간은 학교나 학원에 가지 않는 주말이 적기다. 주말을 활용해 다양한 방법으로 학업 스트레스를 풀어보는데, 성취하는 학생들은 스트레스를 해결하는 건강한 방법을 알고 있다.

기숙사에서 머물다가 주말에만 귀가하는 학생들에게 귀가 시간을 어떻게 활용하느냐고 물어보면 다양한 대답이 쏟아진다. 엄마가 만들어 주시는 밥을 먹으며 푹 쉬다 온다는 학생도 있고, 못보던 친구를 만나 영화를 보며 즐거운 시간을 보낸다는 친구도 있다. 그중 B양의 대답은 매우 인상적이었다.

"아빠와 함께 정한 원칙에 따라, 지역의 복지 시설에서 봉사를 하다가 옵니다."

B양의 아버지 역시 일 때문에 지방에서 생활하고 있는 터라 주말은 온 가족이 모이는 유일한 기회다. B양도 학교생활의 피로가 누적된 상태이고, 아버지 역시 말할 것도 없다. 하지만 두 사람은 주말을 단 한 번도 집 안에 앉아 무료하게 보낸 적이 없다고 한다. 토요일 저녁이면 돌아오는 아버지는 꼭 B양의 남동생과 목욕을 간다고 한다. 일요일 아침에는 새벽같이 일어나서 B양과 함께 약 1시간 거리에 있는 복지 시설을 찾아가 거동이 불편한 어르신들의 아침을 준비해 먹여 드리고, 청소를 한단다. 아빠나 B양 모두 그 봉사를 일요일의 당연한 생활 원칙으로 알고 오래전부터 실천해 왔다고 한다.

이 말을 듣고 나는 무척 놀랐다. 대부분의 학생들은 주말을 쉬는 날, 노는 날 정도로 생각한다. 주중에는 공부에 집중하더라도 주말만큼은 좋아하는 친구들과 어울려 놀거나, 컴퓨터 게임을 하거나, TV를 시청하는 것으로 그간에 쌓인 스트레스를 푼다. 그런데 B양은 일주일 만에 맞는 휴식 시간이자 스트레스를 풀 수 있는 좋은 기회를 봉사로 채우고 있었다. 어찌 보면 무척 피곤하고 힘들 수도 있는 일이었다.

"그렇게 주말을 보내고 오면 힘들지 않아?"

"전혀요. 오히려 봉사하고 나면 스트레스가 풀리는걸요."

많은 학생들이 학업에 대한 중압감으로 스트레스에 시달린다. 스트레스가 누적되면 더 큰 문제를 일으킬 수 있기에 반드시 그때그때 풀어주어야 한다. 그러나 올바르게 스트레스를 푸는 방법을 아는 아이들은 많지 않다. 아무것도 하지 않고 누워 있거나, 텔레비전을 보거나 혹은 게임을 하는 것이 고작이다.

과연 이것이 스트레스를 푸는 데 도움이 될까. 늦잠을 실컷 잔 후에 느지막이 일어나 텔레비전이나 게임을 하다 보면 새벽이 다 되도록 잠을 안 자고 몰두하게 되는 일이 흔하다. 결과적으로는 다음날 잠이 부족한 상태에서 하루를 시작하게 된다. 오히려 육체적, 정신적으로 더 피곤한 상황을 맞게 된다.

직장 생활을 하는 어른들이 이런 과오를 자주 범한다. 금요일

퇴근 후에 집에 돌아오면 마치 시체라도 된 듯 누워서 꼼짝도 안 하는 어른들이 많다. 이럴수록 월요일이 다가오는 것을 두려워하는 월요병에 시달린다. 스트레스를 푸는 것이 아니라 그저 잠시 제쳐둔 것이기 때문이다. 해소하지 않았기 때문에 스트레스는 여전히 그곳에 남아 있다.

한 리서치 전문기관이 직장인 2,000명을 대상으로 한 조사에 따르면, 무려 39.6%가 주말 스트레스를 받고 있다고 대답했다. 출근하지 않는 주말에 아무 활동 없이 집에서 쉰다고들 하지만 오히려 스트레스가 쌓이고 있었던 것이다.

스트레스를 푼다는 것은 몸과 마음의 피곤을 덜어내는 일이기도 하지만, 동시에 소진되었던 에너지를 다시 채우는 일이기도 하다. 이때의 에너지란 친구들과 어울려 수다를 떨고 게임을 하면서 채우는 단순한 즐거움 그 이상의 것을 의미한다. B양의 경우처럼 꾸준한 봉사 활동을 통한 보람과 기쁨, 그리고 공동체 의식과 인류애까지 충만해질 때 진정한 에너지가 채워진다고 할 수 있다.

건강한 스트레스 해소법을 가지고 있다는 것은, 건강한 삶의 자세를 갖고 있다는 것이다. K-세계인으로 성장하는 글로벌 미래 인재가 되고 싶은가? 그렇다면 나는 스트레스가 쌓였을 때 어떻게 해결하는지부터 되돌아보자.

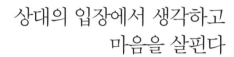

상대의 입장에서 생각하고
마음을 살핀다

'그러므로 무엇이든지 너희가 남에게 대접을 받고 싶거든 먼저 남을 대접하라.'

성경 66권의 수많은 절 가운데 이 절을 황금률이라 하여, 기독교의 사랑의 정신을 가장 잘 나타낸 것이라고 한다. 표현 방식은 다르지만 《논어》에도 이와 비슷한 가르침이 있다.

'네가 하고자 하지 않는 바를 남에게 하도록 하지 말아라(己所不欲 勿施於人).'

이 구절은 공자의 핵심 사상인 인(仁)을 가장 잘 설명한 표현이다. 기독교의 사랑도 공자의 인도 결국 다른 사람의 마음을 읽고 배려하는 것에서 시작되는 것임을 알 수 있다. 내가 하고 싶은 것을 알아차리고 베풀어 주는 사람, 내가 하기 싫은 것을 알고 배려하는 사람, 우리는 그런 사람들에게 마음이 가고 따르게 된다.

많은 사람이 인간관계를 고민하고 어려워한다. 직장에서도 상사나 동료들과의 인간관계가 스트레스가 되어 이직을 고민하는 경우가 허다하다. 학교에서도 친구들끼리, 혹은 선생님과의 관계에서 어려움을 겪기도 한다. 심지어 가족끼리도 서먹하거나 불편한 관계인 사람도 있다.

인간관계의 형태는 다양하지만 그것을 원만하게 유지하고 나아가 친숙한 관계가 되는 기본은 크게 다르지 않다. 내가 하고 싶은 것을 상대방이 할 수 있게 해주는 사람, 내가 하기 싫은 것을 다른 사람에게 시키지 않는 사람이 되는 것이다. 즉, 상대의 입장으로 생각하고 마음을 살피면 서로 마음이 통하고 친숙한 관계가 될 수 있다.

마음을 살피고 훔치는 '마음 도둑'이 되라

오래전 학생들에게 동양의 윤리 사상을 가르칠 때의 일이다. 수업을 더 재미있게 해보려 나는 아이들에게 무미건조한 교과서 대신《논어》를 강독해 보자고 제안했다. 매주 교수학생(teaching student)을 정해 그 학생이 미리 공부를 해와서 다른 학생들을 가르치는 방식이었다. 수업의 성과는 기대 이상이었다. 학생들은《논어》의 재발견이라며, 매주 윤리시간이 돌아오기를 손꼽아 기다렸다. 학생들은 한자 하나하나의 뜻풀이조차도 여러 번 생각하고 고민한 답을 내놓았다.

총 20장의《논어》강독이 끝나고, 자신에게 가장 의미 있는 100구절을 찾아내어 써내라는 숙제를 내줬다. 많은 학생이 100개 구절을 뽑아서 워드로 쳐서 깔끔하게 프린트해 제출했다.

그중 놀라운 아이가 있었다. 한지에 붓펜을 사용해 손으로 직접 100개의 구절을 써낸 것이다. 게다가 모든 글이 하나도 흐트러짐이 없는 깔끔한 정자체였다!

감동 그 자체였다. 사실 의미 있는 구절 100개를 써내라고 한 것은 바로 그 학생과 같은 자세를 원했기 때문이었다. 각자에게 어떤 구절이 의미 있는지도 알고 싶었지만, 그보다는 100구절을 추려내는 과정에서 그 글들을 다시 마음에 새겨 보기를 원했던 것이다. 이때 컴퓨터보다는 직접 손으로 쓰는 것이, 휘갈겨 쓰는 것보다는 한 획 한 획 정성스럽게 쓰는 것이, 이왕이면 마음을 가다듬고 붓글씨로 쓰는 것이 뜻을 새기기에 훨씬 좋다. 그 학생은 이런 선생의 깊은 의도를 파악하고 그 이상으로 보답한 것이다.

나의 마음을 세심히 살피고 원하는 바를 정확히 읽으면 감동하는 것은 학생도 마찬가지다. 선생님들이 학생들의 마음을 읽고 원하는 것을 해준다면, 학생들의 학교생활은 더욱 행복하고 즐거워진다. 학생들이 바라는 것도 많겠지만 무엇보다 자신을 한 인격체로 인정하고 존중해주기를 바랄 것이다.

그래서 나는 충남삼성고 선생님들과 함께 오랫동안 무모한 도전을 진행해왔다. 선생님들은 본인이 맡은 학급의 학생 그리고 담당하는 수업에서 학생들의 이름을 외우는 것은 물론, 심지어 한 학년 전체 학생들의 이름을 모두 외우는 수고를 마다하지 않는다. 해마다 1,000명이 넘는 학생들의 이름을 다 외우는 선생님도 있을 정도이다.

매년 2월 셋째 주에 있는 교직원 연수 때 전교생의 사진이 들어있는 사진첩을 나눠드리면 선생님들은 자신이 맡은 학급의 학생과 수업을 신청한 학생들의 얼굴을 익히고 이름을 외운다. 선생님들은 새로운 학년이 시작되기 전 이미 학생들의 이름을 외운다. 이런 수고를 모르는 학생들은 첫 수업시간에 출석부를 보지 않고 자기 이름을 불러주는 선생님의 모습에 내심 놀라고 감동한다.

나 또한 학생들의 얼굴과 이름을 열심히 익히는데, 학교에서 마주칠 때마다 이름을 부르며 인사하면 처음엔 다들 깜짝 놀란다. 교장 선생님이 자기 이름을 불러준 적은 한 번도 없었다면서 반갑게 다가와 다시 인사를 하는 아이들도 많다.

일반적으로 선생님들은 학기 초엔 눈에 띄는 학생들 위주로 이름을 익히기 마련이다. 일부러 시간을 내어 익히지 않는 한, 조용하고 눈에 띄지 않는 학생들은 이름을 익히는 것 또한 후순위로 밀린다. 그런데 모든 학생은 선생님께 자신의 존재를 인정받고 싶어 한다. 성적과 관계없이, 성격이 활발하든지 내성적이든지 모두 소중한 인격체로 존중받기를 원한다. 그런 마음을 알고 선생님들이 먼저 이름을 불러준다면 학생은 훨씬 더 빨리 마음을 열게 될 것이고, 좋은 사제지간으로 발전하게 된다.

이것은 기업에도 똑같이 적용된다. 기업의 관점에서 상품과 서비스를 개발하는 것이 아닌, 고객의 입장에서 생각을 살피고 마음을 헤아린다면 그들이 필요한 것을 찾는 것이 어렵지 않다. 일상에서 겪게 되는 크고 작은 불편함을 떠올리며 그것을 해결해 줄 방법을 찾는다면 고객의 마음에 쏙 드는 제품과 서비스를 만들어 낼 수 있다. 이것이 '마음 도둑 CEO'이다.

성취하는 학생들은 '마음 도둑 학생'이다. 진학이든 취업이든 거기에 맞게 제출해야 할 서류가 있고, 또 면접의 과정을 겪게 되기도 한다. 마음을 먼저 읽는 마음 도둑 학생들은 제출하는 서류를 통해 사정관들이 무엇을 알고자 하는지를 먼저 생각한다. 자기가 쓰고 싶은 것을 쓰는 것이 아니라 서류를 심사하는 심사관들이 무엇에 중점을 두는지를 먼저 생각하고 그에 맞추어 서류도 작성한다. 면접에 임할 때도 준비한 말을 앵무새처럼 외우는 것이 아니라 면접관이 질문하는 의도를 명확하게 판단하고 이해한 후 천천히 그리고 분명하게 그 핵심을 넣어 답변한다. 다른 학생들보다 한 번 더 생각하면 된다. 왜, 어떤 의도로 그런 말을 했는지 생각해 보면 된다. 의도를 파악했으면 시간이 더 걸리더라도 그것을 해내는 실천력이 있어야 한다.

K-세계인으로 성장하는 아이들이 글로벌 리더로서 공감과 협력을 얻기 위해서는 먼저 상대의 입장이 되어 생각하고 세심하게 마음을 살피면 된다. 이를 실천으로 보여준다면 상대는 나를 신뢰하고 따르며 기꺼이 그의 능력을 내어줄 것이다.

글 쓰는 훈련을
멈추지 않는다

세계 최고의 명문대 하버드 대학교의 우수 졸업생들이 가장 희망하는 것은 무엇일까? 바로 '글을 더 잘 쓰는 것'이라고 한다.

오래전 읽은 신문 기사에 따르면, 상당수 하버드 졸업생들이 "희망이 무엇인지"를 묻는 기자에게 "지금보다 글을 더 잘 쓰고 싶다."라고 답했다고 한다. 글로벌 기업의 CEO가 되고 싶다거나, 유명 로펌의 변호사, 경제 전문가 등이 되고 싶다는 답변을 기대했던 기자로서는 다소 실망스러웠다는 것이다.

나는 하버드 졸업생들이 글을 잘 쓰고 싶다고 희망하는 것에 크게 공감한다. 하버드 대학교는 지금으로부터 약 150년 전인

1872년부터 신입생들에게 글쓰기를 가르쳐 왔다. 로빈 워드 교수는 40대가 된 하버드 졸업생 1,600명에게 "하버드에 다니면서 어떤 수업이 가장 도움이 되었는가"를 묻는 조사를 실시했는데, 응답자의 90% 이상이 '글쓰기 수업'이라고 대답했다고 한다.

이 두 가지 사실만 보더라도 하버드는 세계 그 어느 대학보다도 글쓰기를 중요하게 여기며 오랫동안 교육해 왔다는 사실을 알 수 있다. 그런 우수한 글쓰기 교육을 받은 사람들조차도 "지금보다 글을 더 잘 쓰고 싶습니다."라고 대답했다는 것은, 글쓰기가 그만큼 어려우면서도 중요하다는 의미일 것이다.

꾸준한 훈련이 글쓰기 실력을 좌우한다

내게도 글을 잘 쓰는 것은 영원한 숙제이자 희망이다. 과거 여러 권의 책을 집필하면서도 그랬고, 지금 이 책을 쓰는 동안에도 더 자연스럽게, 읽기에 편하게 글을 쓸 수 없을까를 고민한다.

2009년 이후 12년 동안 교장직을 수행하면서 무슨 일을 제일 많이 했는지 생각해 보니 결재하는 일 다음으로 글을 쓰는 일이었다. 학생들을 위한 훈화를 하기 전에 써야 하는 원고, 학교에서 발행하는 모든 문서에 들어있는 인사말, 새 학년이 되어 학교 경영에 대한 방침을 만들 때 쓰는 글 등 다양한 글쓰기의 연속이다.

특히 개교를 준비하는 일의 90%는 글을 써서 학교 문서로 만드는 일이었다. 선생님들이 읽고 준수해야 할 각종 문서들, 학생들이 잘 배울 수 있도록 하는 학생 가이드북 등 모든 것이 글 쓰는 일과 연결돼 있었다. 내가 직접 써야 하는 것도 있고, 준비하는 선생님들이 써오신 글을 피드백하기도 했으나 결국엔 다 글과 관련된 일이었다.

개교하는 학교의 경우에는 교가의 가사를 초대 교장이 작사하는 것이 관례이고, 초대 교장의 특권이기도 하다. 그러니 업무 관련 문서를 위한 글쓰기 능력은 물론, 시적인 표현의 글쓰기 능력도 요구된다. 학교 전체 모임이나 행사에서 교가를 부를 때면 내가 쓴 가사로 교가를 부르는 것이 뿌듯하기도 했으나 한편으론 좀 더 잘 썼더라면 하는 아쉬움도 남는다.

글을 잘 썼으면 좋겠다는 마음은 비단 나만의 희망은 아닐 것이다. 하버드 졸업생들은 물론이고 세상의 모든 지식 생산자들이 자신의 콘텐츠를 더 편안하게 글로 옮길 수 있기를 바랄 것이다. 학생들도 마찬가지로, 거창한 창작물이 아니더라도 블로그나 페이스북과 같이 비교적 짧은 글로 본인의 생각을 전할 때조차도 글을 잘 썼으면 좋겠다는 생각을 하게 된다.

글을 잘 쓰는 것은 타고난 재능이라기보다는 꾸준한 노력의 결과라고 할 수 있다. 즉 글쓰기도 훈련을 통해 얼마든지 더 나은 실력을 갖출 수 있다.

글을 잘 쓰려면 무엇보다 먼저 직접 글쓰기를 시도해야 한다. 초등학교 시절에 꼬박꼬박 일기를 썼던 아이들은 그렇지 않은 아이들에 비해 글쓰기에 대한 거부감이 덜하다. 어린 시절부터 쉬운 주제에 대해 많은 글을 쓰다보면, 자라서 다소 어려운 주제, 사회적이거나 학문적 주제의 글을 쓸 수 있는 기본 역량이 갖춰진다. 결국 글의 구성은 사적이든 공적인 글이든 내용의 전개 측면에서는 비슷하기 때문이다.

또한 글을 잘 쓰려면 좋은 글을 많이 읽어야 한다. 그렇다고 인터넷 게시판의 글을 많이 읽어서는 별로 도움이 되지 않는다. 글솜씨가 뛰어난 소설가의 감칠맛 나는 글, 논리적인 신문 사설, 특히 분야별 지식인들이 쓴 글들을 많이 읽어야 한다. 좋은 글을 읽다 보면 글맛을 알게 되고, 문장을 풀어나가는 해법을 발견하게 되며, 어휘력과 논리력이 향상되어 더 넓은 사고를 키우게 된다.

아쉽게도 우리 학교 교육은 글쓰기를 연습할 기회가 충분하지 않다. 특히 학생들이 배운 내용을 확인하고 평가하는 방식이 문장 위주가 아니라 뚝뚝 떨어진 지식의 조각들을 어느 정도 기억하고 있는지를 측정하기 때문에 더욱 그러하다.

지식과 글쓰기 능력을 함께 배울 수 있는 것이 교과서이다. 누구나 알 수 있듯이 교과서는 많은 교과 내용을 담고 있으면서도 하나하나 완성된 문장으로 구성되어 있다. 하지만 실제로는 대부분의 학생들이 교과서가 아닌 참고서를 보며 공부한다. 참고서는 교과서의 문장 안에 있는 개념과 지식을 평가하고, 빨리 기억하기 위해 문장을 개조하여 요약해버린다. 이렇듯 생명력을 잃은 조각 지식으로 머리를 채우게 되고, 이를 객관식 문제로 평가하다 보니 학생들은 글을 잘 써볼 기회를 갖지 못하고 그런 필요성도 느끼지 못한다.

글을 쓰는 능력을 키우기 위해서는 많이 써 봐야 하고 쓴 내용에 대해서 전문가로부터 피드백을 받아야 한다. 학생이 쓴 문장에 대해서 빨간 줄 또는 파란 줄로 잘못된 곳을 표시하여 고쳐 주거나 글의 내용에 대해서 칭찬이나 조언해 줄 수 있는 환경이 조성되어야 한다. 그런데 실제 선생님들은 그럴 시간이 부족하다 보니 학생들은 스스로 알아서 그런 능력을 키워나가야 한다. 고3이 된 학생들은 자기소개서를 쓰게 되면서 처음으로 자신의 스토리를 써보게 된다. 그제서야 자신의 글쓰는 능력이 얼마나 부족한지 깨닫게 된다.

IB 교육이 갖는 대표적 장점 중 하나가 학생들에게 수많은 글을 쓰게 하는 것이다. 수업을 진행하는 가운데에도 글을 써야 하지만, 앞서 말했듯이 소논문(Extended Essay)을 쓸 때도 논리적인 글쓰기 능력은 필수이다. 이런 꾸준한 훈련 덕분에 대학에서의 학문 수행이 더 수월해진다.

문화의 나라임을 자부하는 프랑스는 우리나라 수능에 해당하는 대학입학자격 시험인 바칼로레아 첫날에 철학 분야의 논술시험을 치르는데, 하나의 주제를 제시하고 이에 대해서 4시간 동안 글을 쓰도록 한다.

기출 문제 중 한 예로 '추함은 예술이라 할 만한 자격이 없는가?'라는 주제가 있었는데, 자신이 알고 있는 모든 지식을 동원하고, 이를 바탕으로 자신의 생각과 논리를 설득력 있게 정리해 나가야 한다. 이런 심오한 주제에 대하여 글을 쓰기 위해서는 충분한 배경지식을 물론이고 중·고등학교 과정에서 꾸준한 글쓰기 연습을 해두어야 한다.

이 외에도 여러 글로벌 선진국가에서는 대학은 물론이고 중·고등학교에서도 글쓰기의 비중을 늘리며 중요하게 가르치고 있다. 세계 최고의 인재로 꼽히는 하버드 졸업생들이 '글을 더 잘 쓰고 싶다'라는 바람을 갖는 것만 보아도 모든 분야에서 최고가 되고자 한다면 반드시 갖추어야 할 능력이 글쓰기라는 것을 확인할 수 있다.

이제 보는 사람이 지식의 소비자인 동시에 생산자가 되는 세상이 되었다. 굳이 유명한 학자나 언론인, 작가가 아니더라도 내가 가진 전문적인 지식이나 기술을 다양한 매체에 올리고 많은 사람과 공유하는 세상이 열린 것이다. 지식의 생산자들은 그 지식을 글을 통해 일목요연하게 전달하고자 하는 욕구가 절실하다. 만약 글 쓰는 능력이 없다면 아무리 훌륭한 콘텐츠를 가지고 있다고 하더라도 이것을 세상에 알릴 수가 없다.

함께하면, 이룰 수 있다!

1981년 영락중학교에서 평교사로 처음 강단에 선 나는 그곳에서 6년을 보낸 후, 일반고등학교인 현대고등학교에서 10년, 강원도 횡성의 민족사관고등학교에서 8년, 경기도 용인의 외대부고에서 5년, 경기도 의왕의 경기외고에서의 5년을 마친 후 2013년 3월 충남 아산으로 내려와 충남삼성고등학교 개교준비를 하였다. 2014년에 충남삼성고의 초대교장을 맡고, 이후 8년간의 업무를 마치고 이제 어느덧 정년을 맞게 돼 교직생활을 마감하게 되었다.

지난 41년간 오직 학교 현장을 지키며 보다 나은 교육을 위해 고뇌하고 실천하는 삶을 살아왔다. 민사고에 근무하던 시절엔 힉생들이 선생님의 연구실로 와서 수업을 받는 '교사교실제'를 국내 최초로 시도하고, 미국 대학 학점 선이수 제도인 AP를 국내 처음으로 도입하여 아이비리그 직행 프로그램을 개발하기도 했다.

외대부고의 개교준비를 하면서는 교육과정 운영의 한계를 극복하기 위해 정규 교육과정과 함께 선택 교육과정인 ET(Elective Track, 방과후 교육과정)를 도입했다. 경기외고에서는 국내 최초로 국제공인 교육과정인 IB를 도입하여 시행해 우리나라 고교교육의 수준을 한층 업그레이드시키기도 했다.

개교준비단계부터 9년을 함께했던 충남삼성고에서는 학생 개개인의 꿈과 진로에 맞는 '학생 선택 진로별 교육과정' 일명 타겟 커리큘럼을 개발하여 실시했고, 학생들의 체력과 인성교육프로그램인 MSMP(Miracle of 66 days Melting Pot)를 개발하여 실시했다.

이렇듯 나는 41년 동안 '좋은 학교를 넘어 위대한 학교'가 되기 위한 끊임없는 탐구와 도전을 이어왔고, 바라던 성과도 거뒀다. 그러나 결코 그 정도로 만족할 수는 없다. 아이들의 역량을 제대로 끌어내려면 우리 교육은 더 많이 달라져야 하고 더 크게 발전해야만 한다. 다가올 N차 산업혁명의 시대에 우리 아이들이 K-세계인으로서의 기량을 마음껏 떨치려면 우리 교육 또한 세계 최고의 수준이 되어야 한다.

에필로그

이것이 막연한 바람으로만 멈추지 않도록 나는 세계 곳곳의 학생들은 어떤 마인드로 무엇을 생각하며 무엇을 공부하고 있을까에 대한 끝없는 질문을 던져왔다. 그 과정에서 늘 나의 마음을 떠나지 않았던 물음은 '우리가 하는 교육이 과연 글로벌한 미래 사회에서 통할 것인가?', '글로벌 미래인재를 키워내려면 과연 어떤 교육을 해야 하는가?'라는 것이었다.

그런데 이것은 나 혼자 고민한다고 해결될 문제가 아니다. 학교 교육의 주요 주체인 학부모가 글로벌 미래인재에 관심을 두고 함께 고민해야만 우리 교육이 나아질 수 있다. 이젠 영어 단어 하나 더 알고 수학 문제 하나 더 푸는 게 글로벌 교육인 것으로 착각하고, 어떻게든 대학에 보내면 부모의 역할을 다한 것이라는 생각을 버려야 한다. 우리 아이가 글로벌 미래 사회에 필요한 역량을 갖추고 있는가에 대한 진지한 질문을 던져야 한다.

내 아이를 글로벌 미래인재로 성장시키려면 무엇보다 부모 스스로 글로벌 미래인재가 무엇인지 공부해야 한다. 학교가 이러한 책임을 다할 수 있도록 올바른 방향을 제시해주어야 한다.

그리고 학교는 시대에 어울리지 않는 낡은 옷을 벗어 던지고 글로벌 미래 학교로 변화해야 한다. 새로운 시대에 걸맞은 교육목표와 인재상을 설정하고, 이를 이루어낼 수 있는 아주 정교한 프로그램을 만들어야 한다. 다른 누구에게 미룰 것이 아니라 바로 우리가, 즉 교사와 부모가 나서야 한다.

　그런 의미에서 나는 이 책의 첫 번째 독자로 학부모를 염두에
두었다. 평생 교육에 종사한 우리 선생님들이 학교 교육을 위해
고민하는 것이 무엇인지 이해하고, 새로운 시각과 견해로 학교 교
육 발전에 능동적으로 참여할 수 있는 교육적 교양을 쌓는 데 도
움을 드리고 싶어서이다.

　글로벌 미래 인재 육성을 위한 교육이 어떠해야 하는지에 대한
학부모의 이해도가 높아진다면 우리의 학교 교육은 멈추어 있을
수 없다. 학교 그리고 국가의 교육정책이 현상 유지 또는 안주하
려고 해도 우리 학부모가 가진 글로벌 미래인재에 대한 논리 정
연한 주장과 요구가 있다면 학교는 변화하고 발전할 수밖에 없다.

　교육은 내 아이의 미래뿐만 아니라 우리나라의 미래, 나아가
인류의 미래까지 바꿀 큰 힘을 가지고 있다. 코로나로 인해 전 세
계가 이렇게 힘든 시간을 보내야 할지 누가 상상이나 했던가. 게
다가 코로나보다 더 큰 충격적인 위기가 오지 않는다고 어떻게
장담할 것인가?

　세계는 이 위기의 상황에도 인간에 대한 깊은 통찰에 의한 결
정과 정책으로 국민을 안심시키고, 국민 역시 조급해하지 않고 슬

기롭게 대처해 나가고 있다. 이것이 교육의 힘이다. 그 어떤 위기와 변화가 와도 더 나은 답을 찾아내는 힘! 이제 그 힘을 우리 아이들이 만들어 나가야 한다.

더 큰 충격적인 변화, 4차 산업사회, N차 산업사회가 오더라도 인간에게 있어서 가장 중요한 것이 무엇인지, 인공지능의 최첨단 로봇도 대체할 수 없는 인간만이 할 수 있는 것, 그래서 학교가 꼭 가르쳐야 하는 것, 가정에서 꼭 가르쳐야 하는 것이 무엇인지에 대한 고민이 이제는 시작되어야 한다.

이 책이 그 답을 찾는 데 작으나마 실마리가 되어주길 소망한다. 많은 분이 이 책이 전하는 메시지에 공감하며 함께한다면 우리가 꿈꾸는 K-EDU의 세상이 열리는 것은 결코 불가능한 일이 아니다. 내 아이가 글로벌 미래인재의 역량을 탄탄히 갖춘 K-세계인이 되는 것 또한 어렵지 않다. 우리 모두의 힘이 우리가 꿈꾸는 교육을 현실로 구현해내고 우리 아이들을 K-세계인으로 키워 낼 것이기에, 이제 우리는 K-EDU의 물결에 힘껏 동참하면 된다.

우리의 힘이 K-EDU를 열 것임을 믿는, 박하식

K-세계인으로 키워라

© 박하식, 2022

1쇄 발행 2022년 1월 1일

지은이 박하식
펴낸이 이경희

발행 글로세움
출판등록 제318-2003-00064호(2003.7.2)

주소 서울시 구로구 경인로 445(고척동)
전화 02-323-3694
팩스 070-8620-0740
메일 editor@gloseum.com
홈페이지 www.gloseum.com

ISBN 979-11-86578-98-8 03370